Susanne Gurschler

111 Orte in Osttirol, die man gesehen haben muss

111

emons:

Bibliografische Information der Deutschen Nationalbibliothek
Die Deutsche Nationalbibliothek verzeichnet diese Publikation in der Deutschen Nationalbibliografie; detaillierte bibliografische Daten sind im Internet über http://dnb.d-nb.de abrufbar.

FSC® www.fsc.org MIX Papier aus verantwortungsvollen Quellen FSC® C083411

Layout: Eva Kraskes, nach einem Konzept von Lübbeke | Naumann | Thoben
Kartografie: altancicek.design, www.altancicek.de
Kartenbasisinformationen aus Openstreetmap,
© OpenStreetMap-Mitwirkende, ODbL
Druck und Bindung: CPI – Clausen & Bosse, Leck
Printed in Germany 2020
ISBN 978-3-7408-0847-1
Originalausgabe

Vorwort

Wie kam die Idee, ein Buch über Osttirol zu schreiben? Die Frage hörte ich während meiner Recherchen häufig. Ich selbst stellte mir diese Frage eigentlich nie, vielleicht, weil die Antwort einfach lautet: Ich mag Osttirol. Das klingt simpel, ich weiß, ein bisschen nach Klischee. Aber: In Osttirol habe ich mit die eindrucksvollsten Wanderungen unternommen, die charmantesten Orte entdeckt, die sagenhaftesten Geschichten gehört und bin ich auf die herzlichsten Menschen gestoßen. Viele Begegnungen waren nicht geplant, ergaben sich und waren umso beglückender.

Eine weitere Frage, die häufig kam: 111 Orte in Osttirol, die man gesehen haben muss? Gibt's denn so viele bei uns? Nach einer kleinen Pause ein verschmitztes Lächeln. Osttirolerinnen und Osttiroler wissen um die Schätze ihrer Heimat. Tatsächlich hatte ich keine Mühe, die Seiten zu füllen. Im Gegenteil: Osttirol ist 111 und mehr Entdeckungen wert.

Viele Menschen haben mir – auch spontan – ihre Zeit geschenkt, mir Fragen beantwortet, mich großzügig an ihrem Wissen teilhaben lassen, mir Tipps gegeben, mich auf Besonderheiten aufmerksam gemacht, mir weitergeholfen. Sie alle zu nennen würde den Rahmen sprengen. Und so danke ich ihnen hiermit zwar in Bausch und Bogen, aber von ganzem Herzen.

Gewidmet sind diese 111 Orte meinen Ideengeberinnen und Einflüsterern. Etwaige Fehler oder Ungenauigkeiten sind selbstverständlich allein mein Werk.

111 Orte

1 Die Hafnerei Steger

Ein Großbetrieb für Keramik

Das Hafnerhandwerk in Abfaltersbach begann mit der Familie Engele und endete mit der Familie Steger. Quellenmäßig ab dem 17. Jahrhundert belegt, zieht sich seine Geschichte bis in die 1960er Jahre, als die Hafnerei Steger sukzessive ihre Produktion einstellte. Das erhaltene Werksgelände erinnert an die Bedeutung der örtlichen Keramikherstellung nicht nur für das östliche Pustertal. Nach einem Hochwasser 1882 wurde die Anlage großteils neu errichtet. Sie besteht heute aus dem Hauptgebäude, zwei Schlämmbecken und einer Glasurmühle.

Der für die Keramiken benötigte Ton, bis in die 1930er Jahre in Gruben südöstlich von Abfaltersbach gewonnen, wurde in den Schlämmbecken »eingesumpft«, also in Wasser gequollen. So trennten sich schwere und leichtere Teile. Nach dem Trocknen und Mahlen wurde das Material erneut mit Wasser versetzt, geknetet. Die Verarbeitung zu Gebrauchskeramiken erfolgte im Hauptgebäude.

In der südlich des Feldwegs gelegenen Glasurmühle fand ein entscheidender Schritt in der Produktion statt, denn die Glasur sorgte dafür, dass die Tongefäße wasserdicht waren. Ähnlich wie in einer Getreidemühle wurde die Glasur hier fein gemahlen, dann mit Wasser vermengt, wodurch ein dicklicher Brei entstand. Ein für die Hafner besonders gefährlicher Arbeitsprozess. Das in den Glasuren enthaltene Blei führte auf Dauer zu Vergiftungserscheinungen wie Durchfall, Haarausfall und Hautausschlägen, die »Hafner-Krankheit« meist zu einem frühen Tod. Das Glasurmühlengebäude, 1882 zerstört und an derselben Stelle wiedererrichtet, fiel 1965 erneut dem Hochwasser zum Opfer.

In den 1990er Jahren gelang es der Familie Steger – zusammen mit der Gemeinde Abfaltersbach, dem Land Tirol, dem Bundesdenkmalamt und der Universität Innsbruck –, die Glasurmühle originalgetreu wiederherzustellen und damit ein einzigartiges Objekt zu erhalten. Die gesamte Anlage steht unter Denkmalschutz.

Adresse Abfaltersbach 14, 9913 Abfaltersbach | **ÖPNV** Bus 961, 962, Haltestelle Gemeindeamt | **Anfahrt** B100 Pustertaler Straße Richtung Sillian, Abzweig Abfaltersbach, beim Gemeindeamt Richtung Aigner Badl abzweigen, Hafnerei auf der linken Seite vor der Brücke | **Öffnungszeiten** außen jederzeit, Innen-Besichtigungen auf Anfrage, Kontakt Gemeinde Abfaltersbach: verwaltung@abfaltersbach.at | **Tipp** Das Aigner Badl firmiert als letztes echtes Bauernbadl in Tirol, seine Geschichte reicht weit zurück. Gäste baden hier noch in Holzzubern, das Ambiente ist urig und gemütlich zugleich.

2 Der Alkuser See

Nordtiroler Rocksong für Osttiroler Bergsee

»A silent lake under eagle's wings / Reflecting sky and mountains high / Its waters hide some mystery – A plate of stone, discovered trace / Leads back to unknown days«. So beginnt der Song »velatum – rock 'n' stone« der Nordtiroler Rockband Serenity, veröffentlicht 2008 auf dem Album »Fallen Sanctuary«. Die Idee dazu stammt vom Archäologen Harald Stadler. Die Inspiration lieferte ihm eine römische Steinplatte, gefunden in der Nähe des Alkuser Sees, der auf 2.432 Metern Seehöhe hoch über Ainet und dem Weiler Alkus liegt. Sie war mit einer 14-zeiligen Inschrift versehen – das letzte Wort: velatum, verhüllt.

Fast verhüllt präsentiert sich der Alkuser See im Frühjahr, wenn der Großteil des Gewässers noch schnee- und eisbedeckt ist. Und doch blitzt die Magie des Orts durch, nimmt einen gefangen. Kristallklares Wasser von einem unbeschreiblichen Blau, in dem sich die Berge und der Himmel spiegeln. Die Stille magisch – auch wenn kein Adler seine Kreise zieht. Ja, am Alkuser See lässt sich tatsächlich in jedem Stein ein Geheimnis erahnen.

Seit Jahren führen Archäologen immer wieder Grabungskampagnen in der Umgebung durch, insbesondere am Potschepol, wie der Pitschedboden bei den Einheimischen heißt, einer Hochebene, die man bei der Wanderung zum See durchquert. Es gibt hier oben Hinweise auf die römische und vorgeschichtliche Zeit. So bestätigten Holzkohlereste die Vermutung, dass in dieser Höhe bereits zu Caesars Zeit eine Hirtenhütte stand. Die Fachleute legten zudem Vieheinfriedungen frei, fanden diverse Keramiken, Feuerstellen und Opferplätze, Opfergaben sowie Schmuckstücke.

Der Alkuser See ist ohne Zweifel einer der schönsten Bergseen Tirols, worauf überflüssigerweise eine Tafel am See hinweist. Und er hätte sich ohne Zweifel hervorragend als Hauptdarsteller im Videoclip gemacht, den Serenity zu »velatum – rock 'n' stone« gedreht hat. Leider kam er nicht zum Zug.

Adresse Alkuser See, Oberalkus, 9951 Ainet-Alkus | **Anfahrt** B108 Felbertauernstraße Richtung Felbertauern, bei Ainet abzweigen Richtung Gwabl/Alkus, von Oberalkus/ Kapelle Heilige Maria circa 3,5 Stunden anspruchsvoller Fußmarsch | **Tipp** Auf der Karschwelle vor dem Pitschedboden lädt ein schön gestalteter Rastplatz zum Verweilen ein. Den Hügel durchziehen Klüfte, die teilweise durch Baumstämme verschlossen und damit abgesichert sind.

3 Der Bierkeller

Gut versteckt hinter geschützten Bäumen

Ortsunkundigen fällt die Baumgruppe aus Bergahorn, Fichten und Linden am Trattner Feld in Ainet aufs Erste nicht auf. Zu dominant präsentiert sich der Felssturz am Nordrand des Orts. Wer sie aber gezielt sucht, kann die sieben hochgewachsenen Bäume nicht übersehen. Seit 1962 ist das Ensemble beim sogenannten »Bierkeller« ein ausgewiesenes Naturdenkmal.

Wer hier ein Lokal vermutet, liegt falsch – beziehungsweise kommt einige Jahrzehnte zu spät. Es handelt sich um einen mit einer schweren Eisentür gesicherten Felsenkeller, in dem der Aineter Sattlerwirt in früheren Zeiten seine Getränke kühlte. Die Eröffnung des Kühllagers wurde ordentlich gefeiert. Eine Annonce in der Lienzer Zeitung vom 30. Mai 1889 informierte über das Fest, musikalisch umrahmt von der Musikkapelle Oberlienz. Wie alt der Keller tatsächlich ist, lässt sich schwer sagen.

Das aus Naturstein errichtete Lager bot jedenfalls die ideale Temperatur. Und offensichtlich kamen die Leute rasch auf die Idee, ihre Festivitäten direkt an der Quelle abzuhalten. Bei den Waldfesten spielte die Musik, bebte der Tanzboden und floss der Alkohol in Strömen. Der »Schneeberger'sche Felsenkeller« war zudem ein beliebtes Ausflugsziel von Städtern. So hieß es in einem Bericht des Pustertaler Boten über den Ausflug des Lienzer Sängerbundes im Spätsommer 1883: »… und da ein vortrefflicher Gerstensaft kredenzt wurde, herrschte auch allenthalben eine sehr animierte Stimmung vor.«

Die Natur sorgte letztlich dafür, dass die Feiern beim Bierkeller ein Ende fanden. Immer wieder kam es zu kleineren und größeren Felsstürzen. 1966 schließlich war einer davon sehr folgenreich für die alten Baumbestände dort. Mehrere der geschützten Bäume wurden so stark beschädigt, dass sie gefällt werden mussten.

Heute dient der Keller dem Förster als Lager für diverse Pflanzen, vornehmlich junge Bäumchen. Die Kühle ist ideal, damit sie nicht austreiben.

Adresse Trattner Feld, circa Höhe Haus Nr. 102, 9951 Ainet-Tratte | **ÖPNV** Bus 954, Haltestelle Gemeindeamt; Bus 951, 952, Haltestelle Abzweig Schlaiten | **Anfahrt** B108 Felbertauernstraße Richtung Felbertauern, Abzweig Ainet und weiter Richtung Ortsteil Tratte, in Höhe Haus Nr. 102 zu Fuß über den Feldweg zum Wald | **Öffnungszeiten** Felsenkeller nur von außen zu besichtigen | **Tipp** Der Besitzer des im Nordwesten von Ainet in einem Wäldchen gelegenen Ansitzes Weiherburg (Ainet 142) legte wertvolle Malereien frei. Das zweigeschoßige Herrenhaus mit Rechteck-Erkern und Walmdach ist nur von außen zu besichtigen.

4 Die Holzbrücke

Gewagter Sprung ins kalte Nass

Bis in die 1980er Jahre hinein verfügte Osttirol nur über einige Kleinkraftwerke. Das Kraftwerk Strassen-Amlach, errichtet in den Jahren 1985 bis 1989, änderte die Situation. Das bis heute einzige Laufkraftwerk Tirols galt als Meilenstein in der nachhaltigen Energieversorgung des Bezirks Lienz.

Die Einweihung im März 1989 wurde trotz Kälte und Schnee groß gefeiert. Ein Sonderzug brachte die Gäste von der Landeshauptstadt zur eigens eingerichteten Sonderbahnstation Leisach. Von dort marschierten Schützen und Musikkapelle Leisach sowie Ehrengäste zum Kraftwerk. Danach ging es per Bahn nach Lienz, zum Festschmaus im Stadtsaal. Heute stoßen Kraftwerkspläne der TIWAG in Osttirol auf weit weniger Gegenliebe. Die Herzen höherschlagen lässt dafür eine Sportgroßveranstaltung, bei der die Holzbrücke über den Draukraftwerk-Wasserkanal eine zentrale Rolle spielt. Die Rede ist vom Red Bull Dolomitenmann.

Der nach Eigendefinition härteste Teambewerb der Welt, ausgetüftelt vom früheren Spitzensportler Werner Grissmann, findet seit 1988 statt und verbindet Berglauf, Paragleiten, Paddeln und Mountainbiken zu einem internationalen Staffel-Wettkampf der Superlative. Rund 2.000 Höhenmeter im Lauf, einen Flug ins Tal in weniger als einer halben Stunde, etwa 27 Kilometer und 1.700 Höhenmeter per Rad sowie fünf Kilometer im Kajak hieß es für die 125 Teams 2019 zu absolvieren.

Die unscheinbare Brücke in Amlach wird anlässlich des Events zur Startrampe für die Kanuten aufgemotzt. Die Holzkonstruktion erhält einen Überbau, sodass die Sportler aus sieben Metern Höhe in die Drau stürzen. Der spektakuläre »Alpinstart«, bei dem Kajaks gern mal zu Bruch gehen, ist der Auftakt für die Wildwasserregatta mit einigen herausfordernden Passagen und einem Parcours im Isel-Katarakt. In Lienz angekommen, müssen die Kanuten mit dem Boot in der Hand (!) noch einen Sprint zum Ziel am Hauptplatz hinlegen.

Adresse Kraftwerk 1, 9908 Amlach | **ÖPNV** Bus 961, 962, Haltestelle Leisach/Gries, Fußweg Richtung Westen über die Brücke (Galitzenklamm) und bei der Jausenstation links hinunter (circa 25 Minuten) | **Anfahrt** B100 Drautalstraße Richtung Sillian, nach Leisach links Richtung Galitzenklamm abzweigen, östlich der Jausenstation dem Fahrweg bis zum Ende folgen, wenige Minuten Fußmarsch | **Tipp** Die Schluchtstrecke beim Klammbrückl des Galitzenbachs wurde 1995 zum Naturdenkmal erhoben. Zu erreichen ist sie von der Rodelbahn Leisach/Lienzer Dolomiten aus über den sogenannten Goggsteig und die Gogghütte oder von der Jausenstation Galitzenklamm dem Radweg nach Westen folgend bis zum Goaßsteig und weiter auf dem Stadtweg bis zum Klammbrückl (circa 1,5 Stunden).

5 Das Pfleghaus

Göttliches und weltliches Gericht auf Tuchfühlung

Pfleghaus, Pfleghof, Pfleggericht, Pfleggerichtshaus Schloss Anras – die Literatur zeigt sich nicht eindeutig, was die Bezeichnung des herrschaftlichen Gebäudes in der Pustertaler Gemeinde anbelangt, das über die ehemalige Pfarrkirche mit der von 1753 bis 1756 errichteten Pfarrkirche verbunden ist.

Von 1200 bis 1809 war hier die Hohe und Niedere Gerichtsbarkeit der zum Bistum Brixen gehörenden Region angesiedelt, wobei sich das Pfleggericht von Anras bis Obertilliach und zur Lienzer Klause erstreckte. Bis Anfang des 19. Jahrhunderts diente es den Bischöfen zudem als Sommerresidenz. Das kurze Intermezzo bayerischer Herrschaft besiegelte das Schicksal des Pfleghofs. Nach der Wiedereingliederung Tirols ins Habsburgerreich 1813 verlor Anras endgültig seine Gerichtsbarkeit – und der Ort damit seine herausragende Rolle in der Region. In Anras selbst kommt niemand umhin, seine Aufmerksamkeit auf dieses imposante, im 17. Jahrhundert um Ecktürme erweiterte Gebäude zu lenken, das zusammen mit der Pfarrkirche wie uneinnehmbar im Zentrum steht. Eine adäquate Nachnutzung erwies sich über Jahrzehnte als schwierig.

So fand sich im Parterre lange ein Lebensmittelgeschäft. Den Stock darüber nutzten die Betreiber als Wohnraum, während im westlichen Trakt der Mesner untergebracht war. Nach Besitzerwechsel und Jahren des Dahinsiechens kaufte es 1991 die Messerschmitt Stiftung und restaurierte den Komplex bis auf die Mesnerräume. Als Mieter der adaptierten Räume fungierten Gemeinde und Land Tirol. Ein Gerichtsmuseum wurde eingerichtet, eine Paul-Flora-Ausstellung eröffnet, und der Tourismusverband zog im Parterre ein. Die Idee jedoch, die Gemeindeverwaltung ins Pfleghaus zu übersiedeln, scheiterte. Stattdessen wurde das Gemeindezentrum erweitert, der TVB zog dorthin. 2014 lief der Mietvertrag für das Museum aus. Nun gibt es erneut einen Neustart: Die Gemeindeämter kommen doch ins Pfleghaus.

Adresse Dorf 45, 9912 Anras | **ÖPNV** Bus 962, Haltestelle Gemeindeamt | **Anfahrt** B100 Drautalstraße Richtung Sillian, Abzweig Richtung St. Justina/Pustertaler Höhenstraße, Abzweig Richtung Anras | **Öffnungszeiten** Pfleghaus derzeit nur von außen zu besichtigen, ehemalige Kirche auf Anfrage vor Ort im Pfarrwidum | **Tipp** Anras galt wegen seines ausgewogenen Klimas als Kornkammer des Pustertals. Gleich neben dem Pfleghaus findet sich der Noilerkasten, ein wunderbar erhaltener spätgotischer, im Barock erweiterter Kornkasten.

6 Das Null-Kilometer-Gemüse

Wo gepflanzt wird, wird geerntet

Es waren mehrere Initiativen, die sich zusammentaten, um ein neues Interreg-Bildungsprojekt zu starten, darunter der Obst- und Gartenbauverein, die Umweltgruppe und die Bücherei der Gemeinde Assling. Mit der im Dorf lebenden Brigitte Vogl-Lukasser vom Institut für Ökologischen Landbau der BOKU Wien hatten sie die entsprechende wissenschaftliche Begleitung. Das Ziel des Projekts: Saatgut selbst zu erzeugen und mittels Tauschbörse innerhalb von Assling in die Gärten Interessierter zu bringen. Die Sorten sollten schon viele Jahre in der Gemeinde beheimatet sein.

Die Projektbetreiber bauten ein Erhalter-Netzwerk auf, das Samen zog und anderen zur Verfügung stellte. Sie starteten mit dem Paradeiser. Bald war das Schlagwort »0-KM-Tomate« in aller Munde, weil die Frucht vom Samen bis zur Ernte und zum Verzehr das Dorf nicht verließ. Mittlerweile gibt es zahlreiche Null-Kilometer-Kulturpflanzen in Assling – vom Erdapfel über den Speisemais bis zur Bohne. Die »Püün« war lange Grundnahrungsmittel in der Region. Die Bedeutung der »Schollepoan«, der Ackerbohne, zeigt sich im Brauchtum. Am Schollepoansamstag stahlen junge Burschen Bohnen aus den Gärten und überreichten sie der Angebeteten beim Fensterln.

Die von den Erhaltern gesammelten Samen können in der Bücherei entlehnt werden. Zum Saatgut gibt es eine Anleitung für die richtige Aufzucht und das Gewinnen der Saat. Von dieser geht ein Teil in die Tauschbörse zurück, sodass ein Kreislauf entsteht. So fördern die Initiatoren Eigenanbau und Erhalt nachbaufähigen Saatguts, gleichzeitig erhöht sich das Wissen über den Wert alter Kulturpflanzen. Die Samenbank, besser gesagt das Samenregal, kann sich jeder anschauen, ebenso sich vor Ort über die Idee dahinter informieren. Ausleihen dürfen das Saatgut nur Asslinger. Schließlich soll das Null-Kilometer-Gemüse tatsächlich ein solches bleiben.

Adresse Unterassling 28, 9911 Assling | ÖPNV Bus 962, Haltestelle Unterassling | Anfahrt B100 Drautalstraße Richtung Sillian, bei Thal-Aue Abzweig Richtung Assling/Pustertaler Höhenstraße | Öffnungszeiten Di 16–19 Uhr, So 9.30–11 Uhr, feiertags geschlossen; Kontakt: buecherei-assling@bibliotheken.at, Infos unter www.assling.at | Tipp Im Zwickel bei der Straßengabelung Assling-Penzendorf/Hochsteinstraße wächst eine Wildblumenwiese. Der als Pilotprojekt angelegte Versuchsanbau soll die Biodiversität fördern.

7 Die Orgel

Als Wolfgang Mitterer die Register zog

Es kann kein Spaß gewesen sein. Während die anderen am Platz vor der Schule Fußball spielten, saß Wolfgang Mitterer in der Kirche und übte auf der Orgel. Die Register Register sein lassen, das ging nicht, denn der Vater saß in der Schule, und die lag vis-à-vis der Kirche. Der Lehrer hörte, ob sein Sohn spielte und ob er richtig spielte. Bereits vor Schuleintritt begleitete Wolfgang Mitterer unter Anleitung seines Vaters Max die erste Messe. Die Orgel in der Asslinger Kirche sollte sein Übungsinstrument bleiben, bis er, schulbedingt in Lienz, auf die 400 Jahre alte Putz-Orgel in der Stadtpfarrkirche St. Andrä wechselte.

Entgegen den Wünschen des Vaters wurde Wolfgang Mitterer allerdings weder Organist noch Kirchenkomponist. Dabei hätte das gut in die Familienchronik gepasst. Max Mitterer war über Jahrzehnte Leiter des Kirchenchors und Organist in Assling, Wolfgang zudem der Urgroßneffe des renommierten Komponisten Ignaz Mitterer, der als Erneuerer der Kirchenmusik galt.

Wolfgang Mitterer studierte Orgel und Komposition an der Hochschule für Musik und darstellende Kunst in Wien und elektronische Musik am Elektronmusikstudion (EMS) in Stockholm und wurde zum Wegbereiter elektronisch-experimenteller Musik in Österreich. Der Erfolg stimmte den Vater versöhnlich, was das musikalische Eigenleben des Sohns anbelangte. Der vielfach ausgezeichnete Komponist ist auf internationalen Festivals im In- und Ausland vertreten. Seiner Heimatgemeinde blieb Wolfgang Mitterer verbunden, auch nach dem Tod der Eltern. So begleitete er den Kirchenchor, in dem er »vom Sopran bis zum Bass gewandert« ist, im Sommer 2019 auf der Orgel, auf der er als kleines Kind geübt hat. Er stellte sein großes Improvisationstalent unter Beweis. Ohne allerdings die Hörgewohnheiten der Kirchengemeinde allzu stark zu reizen, wie seine ehemaligen Schulkollegen Max Trojer und Josef Wurzer betonen.

Adresse Pfarrkirche, Unterassling 28, 9911 Assling | **ÖPNV** Bus 962, Haltestelle Unterassling | **Anfahrt** B100 Drautalstraße Richtung Sillian, bei Thal-Aue Abzweig Richtung Assling/Pustertaler Höhenstraße, Unterassling | **Tipp** Vis-à-vis des Kircheneingangs liegt die Grabstelle von Max Mitterer und seiner Frau Gisela. Das Geburtshaus des Kirchenkomponisten Ignaz Mitterer findet sich im Ortsteil Vergein.

8 Die Leiter-Harpfe

Reicher und Harpfer im Takt

An Harpfen ist Osttirol nicht arm. Rund 360 sind dokumentiert, fast zwei Drittel in der Region um Sillian. Kein Wunder, dass der Begriff Harpfe im Pustertal beheimatet ist. Solche Gestelle finden sich aber im ganzen Alpenraum. In der Schweiz heißen sie zum Beispiel »Hischt«, romanisch »Chischner«. Die Harpfen dienten in erster Linie dazu, Heu und Getreidegarben bei ungünstiger Witterung sicher zu trocknen, und sie waren teilweise bis in die 1970er Jahre hinein in Betrieb. Da die Arbeit oft schnell vonstattengehen musste, lief sie nach einem bestimmten Schema ab: Der Reicher übergab dem Harpfer die Bündel, und dieser schlichtete sie sorgfältig auf die Stangen. Die Konstruktion einer Harpfe ist denkbar einfach: In eine Reihe von Pfosten sind in regelmäßigen Abständen Stangen eingebracht, ein Dach schützt das nachtrocknende Gut vor Nässe. Doppelharpfen unterscheiden sich von einfachen Harpfen dadurch, dass zwei Holzgestelle parallel zueinanderstehen und durch ein Dach verbunden sind.

Als der Getreideanbau zurückging, in der Heuernte immer mehr Maschinen die Arbeit übernahmen, verloren die Harpfen ihre Bedeutung. Heute dienen die meisten als Unterstand für diverse bäuerliche Geräte. Die Doppelharpfe in Mittewald ist ein besonders prächtiges Exemplar ihrer Gattung.

Der gebürtige Sillianer Franz Leiter kaufte Anfang des 20. Jahrhunderts das Mittewalder Gut und errichtete 1911 die große Doppelharpfe. Mit 24 Metern Länge, 6,3 Metern Breite und zehn Metern Höhe zeigt sie sich als imposantes Stück bäuerlicher Kulturgeschichte.

Seit 1999 steht die Leiter-Harpfe unter Denkmalschutz. Anlässlich ihres runden Geburtstags 2011 wurde sie renoviert und so weit wie möglich in den Originalzustand zurückversetzt. Das Ziegeldach wich wieder einem Schindeldach. Beim Festakt saß ein Teil der Festgäste unter der Harpfe wie unter einer Pergola – perfekt geschützt vor der Sonne.

Adresse bei Mittewald 141, 9911 Assling-Mittewald | ÖPNV Bus 961, 962, Haltestelle Mittewald/Draukirche | Anfahrt B100 Drautalstraße Richtung Sillian, kurz vor Mittewald rechts Abzweig (Harpfe gut zu sehen) | Tipp Der durch Mittewald fließende Kristeinbach teilt die Ortschaft. Das Gebiet orografisch links des Bachs gehört zu Assling, das rechts des Bachs zur Gemeinde Anras.

9 Der Seilbahnpionier

Hurtig gespannt und kräftig angezogen

Etwas verwirrend ist es schon. War es Johann Schett, in Innervillgraten geboren, der die Seilzugtechnik 1897 am Versellerberg etablierte, wie im Buch »Natur- und Kulturführer Villgraten« zu lesen steht? Oder Michael Pirgler, Bauer von Innerobwurzen, der 1897 die erste Güterseilbahn baute, wie das bäuerliche Fachblatt »Der Pionier« 1933 nahelegt? In Außervillgraten gibt es keinen Zweifel: Der Pirgler war's.

Innerobwurzen, einer der höchstgelegenen Höfe am Versellerberg, klebt am Steilhang wie alle hier. Die Tenne (unter dem Dach des Gebäudes gelegen) ist von der Rückseite gut zu erreichen. Das Heu musste von den unterhalb liegenden Wiesen hinaufgetragen werden, eine harte, eine schweißtreibende Arbeit. Was lag näher, als sich diese zu erleichtern? Und so tüftelte Michael Pirgler an einem Transportmittel für die schweren Heubündel und installierte einen Feldaufzug, der über ein Transmissionsseil unter dem Giebel lief. An die Stelle der Muskelkraft trat die Wasserkraft, die die Seilbahn antrieb. Was in die eine Richtung ging, funktionierte natürlich auch in die andere: So ließ sich der Mist einfach auf die Felder bringen. Für den Materialtransport ins Tal nutzten die eng beieinanderliegenden Höfe eine gemeinsame Bahn. Die Innovationskraft und das technische Geschick von Michael Pirgler machten in Osttirol rasch die Runde, und so zeichnete der Bauer zu Innerobwurzen in den folgenden Jahrzehnten für unzählige Transportbahnen in Osttirol und Kärnten verantwortlich.

1954 erhielt er vom Land Tirol eine Ehrenurkunde für die »Einführung und Entwicklung des landwirtschaftlichen Seilbahnbaues«. Sie hängt heute noch in der Stube von Innerobwurzen. Nur die Vorrichtung für die Seilaufzüge – die an anderen Höfen am Versellerberg noch zu sehen ist – sucht man bei Innerobwurzen vergeblich. Der jetzige Besitzer Michael Bergmann hat die letzten Reste beim 2014 erfolgten Umbau entfernt.

Adresse Ferienhaus Innerobwurzen 93, 9931 Außervillgraten-Versellerberg | ÖPNV Bus 966, Haltestelle Volksschule oder Reiterstube, Wanderung Versellerberg | Anfahrt B100 Drautalstraße Richtung Sillian, Abzweig Villgratental, in Außervillgraten Richtung Versellerberg, Höfe Obwurzen | Öffnungszeiten nur von außen zu besichtigen; als Ferienhaus zu mieten, Kontakt: bergmann-michael@hotmail.com | Tipp Taleinwärts findet sich der Hof Innerhochlahn (Nr. 96). Der dortige Bauer erfand 1928 das »horizontale« Seilpflügen, das allerdings nur in eine Richtung funktionierte. Zusammen mit Pirgler entwickelte er später eine bessere Lösung: das Bergaufpflügen.

10 Der Wurzerhof

Der erste Laser im Villgratental

Der Wurzerhof, 1433 erstmals urkundlich erwähnt, besteht aus einem großen Wohnhaus mit angeschlossenem Stall. Er verfügt – neben 265 Hektar Grund (inklusive Alm und Wald) – über eine gut bestückte Machlkammer mit Schmiede, eine Kapelle, eine Mühle, eine Waschkuchl und eine Säge. Aus all diesen Besonderheiten eine herauszupicken fällt schwer.

Zumal der Wurzerhof ein echter Kraftort ist, schwungvoll in Schwung gehalten von Sepp und Vroni Leiter, und die beiden auch noch unzählige G'schichtln und Anekdoten auf Lager haben. So beschäftigte der Hof in früheren Zeiten bis zu 30 Handwerker, und allein die historischen Werkzeuge in der Machlkammer bieten Stoff für ein ganzes Buch. Sämtliche Gerätschaften sind funktionstüchtig und in Betrieb, die Selch wie die Mühle und die Säge. Bei Letzterer handelt es sich um eine 1773 erstmals urkundlich erwähnte venezianische Vollgattersäge. Hier geschnittener Ahorn kam in Venedig im Schiffbau zum Einsatz.

Im zur Straße hin offenen Sägeboden befindet sich das Registergatter mit den Sägeblättern. Die Zugsäge kappt die Enden, das senkrechte Sägeblatt schneidet die Bretter. Zwei bis drei Stämme lassen sich nebeneinander schneiden. Seit Anfang der 1950er Jahre wird die Anlage elektrisch angetrieben. Die dahinterstehende Samsäge schneidet die Seiten. Über ihr hängt ein Gerät, das vom Ideenreichtum der Bauern in früherer Zeit erzählt. Zwischen zwei Stahlrohren, die an einem Balken unter der Decke befestigt wurden, spannt sich ein dünnes Drahtseil. Direkt darüber hängt eine Neonröhre, deren Licht bis auf einen schmalen Schlitz auf der Unterseite durch ein Blech abgeschirmt ist. Dadurch wirft das Seil eine feine gerade Linie auf das darunterliegende Holzbrett. So kann es exakt zugeschnitten werden. Eine einfache, aber perfekte Lösung, sagt Sepp und nennt die Vorrichtung gern »den ersten Laser des Villgratentals«.

Adresse Winkeltal 114, 9931 Außervillgraten-Winkeltal | **ÖPNV** Bus 966, Haltestelle Wurze | **Anfahrt** B100 Drautalstraße Richtung Sillian, Abzweig Villgratental, in Außervillgraten Richtung Winkeltal | **Öffnungszeiten** Hofführung durch Familie Leiter nach Voranmeldung: Mitte Juni – Mitte Sept. jeweils Fr 14 Uhr, individuelle Führungen für Gruppen ab zehn Personen, Kontakt: info@wurzerhof.at, Infos unter www.wurzerhof.at | **Tipp** In Außervillgraten, an der Straße ins Winkeltal, findet sich Mühlmann – handmade in the alps. Der Modeschöpfer Bernd Mühlmann hat den traditionsreichen Familienbetrieb 2008 in ein eigenes Modelabel überführt und produziert hier Kollektionen aus hochwertigen Materialien.

11 Das Anna-Schutzhaus

Eine Hütte für die Frau Gemahlin

1885 verewigte der bekannte Osttiroler Landschafts- und Historienmaler Franz von Defregger (1835–1921) eine schlichte, schindelgedeckte Hütte auf einem Gemälde. Eine Hütte wie viele in den Tiroler Bergen, einzig die Veranda fällt vielleicht aus dem Rahmen. Es handelte sich um die Hütte am Ederplan, dem »Tummelplatz« seiner Bubenjahre, die Defregger hatte errichten lassen.

»Die Hütte kommt nahe bei dem köstlichen Wasser der ›Drei Brunnen‹ in einer Seehöhe von 1.900 Meter zu stehen und ist nach einem von dem Meister selbst entworfenen Plane ganz aus Holz im Baustyle jener Gegend herzustellen. Sie wird einen Flächenraum von circa 55 Quadratmeter einnehmen, aus Küche, Stube und Schlafgemach bestehen und außerdem eine geräumige gedeckte Veranda mit der Aussicht auf die ›Unholde‹ haben«, heißt es diesbezüglich im Oktober 1881 im Pustertaler Boten. 1882 fertiggestellt, verbrachte der in München lebende Maler mit seiner Familie die folgenden Sommer auf der Hütte. Der gebürtige Dölsacher genoss die Aufenthalte, seine Eindrücke flossen in stimmungsvolle Landschaftsbilder wie etwa »Ederplan«, »Blick auf die Schobergruppe« oder »Schellgrube-Gatterle«. 1887 schenkte Defregger die Hütte samt Inventar dem Österreichischen Touristenklub Oberdrauburg. Dieser adaptierte die Hütte als Bergsteigerunterkunft mit Küche, Gastraum, einem Schlafzimmer und einem Matratzenlager und benannte das Schutzhaus nach Defreggers Frau. Die einfache Hütte erwies sich rasch als zu klein und erfuhr mehrere Um- beziehungsweise Zubauten.

1991 ging das Gebäude auf die im Jahr zuvor gegründete Dölsacher Sektion des ÖTK über. Diese beschloss, das Schutzhaus umfassend zu renovieren. Die Umbauten reichten vom Fundament bis zum Dach und wurden im »altbäuerlichen Stil« ausgeführt. Der Geist Defreggers, den die ÖTK-Mitglieder erhalten wollten, blieb spürbar – nicht nur in der Defregger-Stube.

Adresse am Ederplan, 9991 Dölsach | **Anfahrt** B100 Drautalstraße Richtung Nußdorf-Debant, Kreisverkehr auf B107 Glocknerstraße Richtung Iselsberg, Abzweig Richtung Stronach, dort Abzweig auf die Mautstraße Richtung Zwischenberger Sattel, von dort Aufstieg circa 1,5 Stunden | **Öffnungszeiten** je nach Witterung Mai–Nov., Infos unter www.annaschutzhaus.at | **Tipp** Vom Schutzhaus ist es nicht mehr weit zum Ederplan. Vom Gipfelkreuz aus eröffnet sich ein gigantischer 360-Grad-Panoramablick. Die Vegetation ist hier im Herbst ein einziger Farbenrausch aus Ocker, Rostrot und Tiefgrün.

12 Die Toilettdienerin

Wangen reinweiß, Lippen vollrot

Aguntum, die einzige Römerstadt Tirols, lässt beinahe jedes Jahr mit Sensationsfunden aufhorchen. Freigelegt ist bis dato erst ein Teil der Ruinen. 30.000 Quadratmeter überblickt man vom 18,6 Meter hohen Aussichtsturm aus, darunter Stadtmauern, Macellum (Markthalle), Tempel und die weitläufige Thermenanlage.

Die Therme war Ort der Reinigung und des Treffens. Hier verhandelten die Badenden Geschäfte, hier tauschten sie die neuesten Gerüchte aus. Weniger Betuchte ließen sich von Sklavinnen in der Badeanstalt verwöhnen, reiche Römerinnen verfügten über eigene Dienerinnen im Haus, die ihnen bei der Körperpflege zu Diensten waren. Das etwas über einen Meter hohe Dienerinnenrelief in Aguntum zeigt eine Frau in einem schlichten Kleid. Sie trägt kurz geschnittenes Haar und Stirnfransen, keinerlei Schmuck, ein langärmeliges Unterkleid und ein kürzeres ärmelloses und gegürtetes Übergewand. In der linken Hand hält sie einen Krug, in der rechten einen Spiegel, was sie als Toilettdienerin ausweist.

Die Hausherrinnen ließen ihren Körper täglich reinigen, mindestens einmal in der Woche badeten sie. Um Schmutz, Sand, Partikel, aber auch Öle zu entfernen, verwendeten die Dienerinnen eine Strigilis, einen Metallschaber. Sie rührten Salben, Cremen und Hautmasken an. Zur Schönheitspflege gehörte auch das Schminken. Dunkle Hautfarbe war verpönt, daher verwendeten Römerinnen Kalkweiß, aber auch weißes Blei, um ihre Haut aufzuhellen. Ihre langen Haare färbten sie je nach Mode mit Henna oder anderen natürlichen Farbstoffen und ließen sie zu kunstvollen Frisuren knoten. Reichtum und Stand der Römerinnen spiegelten sich in der Kleidung und im Schmuck.

Die Rolle der Dienerinnen war ebenfalls klar definiert. Die Darstellung einer Haus- oder Toilettdienerin wie auf dem marmornen Grabrelief von Aguntum stand symbolisch für einen stattlichen Haushalt und sorgfältige Schönheitspflege.

Adresse Stribach 97, 9991 Dölsach | ÖPNV Bus 940, 941, Haltestelle Aguntstraße | Anfahrt B100 Drautalstraße Richtung Nikolsdorf, Kreisverkehr weiter auf B100, über den Stribachbach, Museum und Parkplatz rechts | Öffnungszeiten April–Okt., genaue Öffnungszeiten unter www.aguntum.at, Kontakt: office@aguntum.at, Tel. 04852/61550 | Tipp Der Tiroler Hof in Dölsach ist ein typisches Dorfgasthaus, bei Einheimischen und Gästen gleichermaßen beliebt. Chef Hans Peter Sander kocht persönlich, die Küche ist haubenprämiert.

13__Das »Kunstwerk Lienz«

Viel Platz für Experimentierfreudige

Auf den ersten Blick könnte man meinen, es stünde leer, so verlassen wirkt das etwas in die Jahre gekommene »Kunstwerk Lienz«, auf das ein großes Schild an der Drautalstraße aufmerksam macht. Das Gebäude verfügt über einen großen Wohntrakt und einen angeschlossenen Langbau, an dem in blauen Lettern »sinnron« prangt. »Sinn« stehe für Sinnsuche und Sinn des Lebens, »Ron« für Rondell, einen mittelalterlichen Wehrbau, sagt Margarethe Oberdorfer. Kunst müsse sich wehren, und sinnron bedeute wehrhafte Kunst.

Die Keramikerin und ihr Bruder, der Kunstschmied Heinz Oberdorfer, haben das Gebäude 2006 gekauft, um ihre Ateliers darin einzurichten und einen offenen Begegnungsraum für Kunst- und Kulturschaffende zur Verfügung zu stellen mit Werkstätte, Café und Kunstshop. Zudem etablierte Oberdorfer hier eine Sommerakademie ähnlich der, die sie auf der Tammerburg in Lienz durchgeführt hatte.

Die große Werkhalle zeigt sich geradezu prädestiniert für künstlerische Auseinandersetzungen und experimentelle Formate jeglicher Art. Zudem schließt im Süden ein weitläufiger Garten mit Teich an, der ebenfalls genutzt werden kann. Und so dienen Innen und Außen für Ausstellungen, Performances, Konzerte, Lesungen oder Theateraufführungen. Wobei Margarethe und ihr Bruder den Ort auch als Angebot verstehen, Ideen zu entwickeln und sich zu vernetzen.

Seit seiner Gründung ist sinnron ein Work in Progress, ein Ort, der sich ständig wandelt, ein Aufruf, sich einzubringen, mit dem Ziel, ein Ganzjahresprogramm zu bieten. Regelmäßig nutzt mittlerweile Thomas Pranter-Steiner die Einrichtung. Er hat bei Margarethe Oberdorfer das Töpferhandwerk erlernt. Der junge Künstler sieht das Gebäude als Gesamtinstallation, in der alles flexibel ist, etwas ausprobiert werden und wachsen kann. Und so ist das Kunstwerk Lienz ein außergewöhnlicher Ort, der hinter einer etwas trostlosen Fassade überraschend viel Freiraum bietet.

Adresse Görtschach 22, 9991 Dölsach-Görtschach | **ÖPNV** Bus 941, 940, Haltestelle Gh Kapaun, kurzer Fußmarsch | **Anfahrt** B100 Drautalstraße Richtung Nikolsdorf, kurz nach dem Gasthaus Kapaun beim Hinweisschild »Kunstwerk Lienz« rechts abbiegen | **Öffnungszeiten** aktuelle Öffnungszeiten und Veranstaltungen unter www.kunstwerklienz.at, Kontakt: office@kunstwerklienz.at | **Tipp** Der bekannte Bildhauer Lois Fasching lebt und arbeitet auf einem Bauernhof im Dölsacher Ortsteil Gödnach. Er gestaltete unter anderem ein sechsteiliges Altarmonument für die Kirche in Debant und schuf Reliefs für den dortigen Kreuzweg.

14 Katharina von Garai

Heftige Fehde mit dem Angetrauten

Im Zuge der Renovierung der herrschaftlichen Burg Heinfels wurden deren Geschichte und Geschichten minutiös aufgearbeitet. Eine davon dreht sich um Katharina von Garai (1418–1472).

Wir schreiben das Jahr 1443, und erstmals in der Geschichte des Mittelalters will eine Frau mehr als bloß Gemahlin sein. Die junge Katharina von Garai, Tochter des Palatins des ungarischen Königs, hatte einige Jahre zuvor den betagten Grafen Heinrich IV. von Görz geheiratet. Die junge Regentin wehrte sich von Anfang an gegen die Rolle der braven Ehefrau, auch wenn sie Heinrich drei Söhne schenkte. Er dankte es ihr schlecht und verwehrte ihr die finanzielle Versorgung. Um diese zu erzwingen, setzte sie ihren Mann 1443 vorübergehend auf Schloss Bruck fest und übersiedelte anschließend auf die Grünburg im Gitschtal (Kärnten).

Als Heinrich ihr ein weiteres Mal die Einkünfte entzog, nahm sie das Fehderecht in Anspruch – ungeheuerlich für eine Frau in der damaligen Zeit. Ihre Streitmacht besetzte die Görzer Weidenburg im Gailtal, und erst ein Machtwort König Friedrichs III. von Habsburg brachte sie dazu, aufzugeben. Neun Jahre nach der aufsehenerregenden Fehde verstarb Heinrich IV., mittlerweile Gefangener seines Sohns Johann. Der 16-Jährige trat die Nachfolge an. Katharina reiste zu ihm auf die Burg Heinfels, um Verhandlungen über eine Mitregentschaft zu führen. Der Sohn aber stellte Katharina unter Hausarrest. Ihre Tage verbrachte sie nun in den Gemächern, die sich wahrscheinlich direkt über der Kapelle auf Heinfels befanden. Wie einflussreich sie trotzdem blieb, davon zeugt die Tatsache, dass der Patriarch von Aquileia, Kaiser Friedrich III. und sogar die Republik Venedig Verhandler nach Heinfels schickten, um die Freilassung Katharinas zu erwirken.

Sie, die ihr eigenes Wappen führte, musste schließlich auf alle politischen Ansprüche verzichten, verstarb 1472 und wurde in der Pfarrkirche Villach beigesetzt.

Adresse Höhe Panzendorf 1, 9920 Heinfels-Panzendorf | **ÖPNV** Bus 961, 965, Haltestelle Panzendorf/Gemeindeamt Heinfels, kurzer Fußmarsch | **Anfahrt** B100 Drautalstraße Richtung Sillian, in Heinfels Abzweig Richtung Tessenberg, nach circa 300 Metern nach links auf den Besucherparkplatz abbiegen | **Öffnungszeiten** Infos zu Öffnungszeiten und Führungen unter www.burg-heinfels.com, Kontakt: info@burg-heinfels.com | **Tipp** An der Bundesstraße in Heinfels findet sich die Osttiroler Produktionsstätte des Südtiroler Traditionsunternehmens Loacker, das auch die Burg besitzt. Der Shop des Waffelherstellers zieht insbesondere die zahlreichen Radausflügler aus dem Südtiroler Pustertal an.

15 Der Mitteregger-schneiderhof

Zwei Küchen, zwei Stuben, zwei Keller

Hunderte Seiten historisches Material hat sie vorliegen. Gesammelt von einem Historiker, der in ihrem Auftrag der Geschichte des Mittereggerschneiderhofs nachgegangen ist. Denn als Johanna Trojer den Hof von ihrer Mutter Irma erbte, wusste sie zwar, dass es ein alter war, aber sie wollte es genau wissen. Immerhin steht schon im Tiroler Kunstkataster: »Ungeachtet kleinerer Adaptierungen repräsentiert der Hof die Bau- und Wohnkultur im bäuerlichen Bereich im 18. und 19. Jahrhundert in nahezu musealer Form.« Kein Wunder, dass das Bundesdenkmalamt massiv am Erhalt der Struktur interessiert war und den Umbau des denkmalgeschützten Gebäudes, den Johanna Trojer durchgeführt hat, begleitete.

Die Hofstelle, 1299 erstmals urkundlich erwähnt, zinste später Schloss Heinfels jährlich Getreide, Milchprodukte und Kleintiere und wurde 1628 als Teilgut des Rainerhofs genannt.

Es handelt sich um einen quer zum First geteilten zweigeschoßigen Einhof. Der Wirtschaftstrakt befand sich auf der Rückseite des Gebäudes, ebenso die Tenneneinfahrt. Der Baukern reicht ins 17. Jahrhundert zurück. Das Außergewöhnliche am Mittereggerschneiderhof: Er wurde zeitweise von mehreren Familien bewohnt, war zwei-, gar dreigeteilt, weshalb er über zwei Keller, zwei Küchen und zwei Stuben verfügte. Johanna Trojer hat den Hof mit Hilfe eines Architekten liebevoll renoviert und die denkmalgeschützten Räumlichkeiten als Ferienwohnungen adaptiert. Die urige Rauchkuchl mit der offenen Feuerstelle dient wieder als Küche, die ehemalige Speis mit dem markanten Gewölbe ist nun ein atmosphärisches Badezimmer. Neben der schweren Holztür findet sich die Lieblingsstelle von Johanna Trojer: Gotische Elemente, Spuren der Umbauarbeiten im 19. Jahrhundert und aktuelle Adaptierungen sind auf diesem Stück Mauer vereint.

Adresse Panzendorf 46, 9919 Heinfels-Panzendorf | **ÖPNV** Bus 961, 965, Haltestelle Gemeindeamt/Panzendorf, circa 45 Minuten Fußmarsch | **Anfahrt** B100 Drautalstraße Richtung Sillian, in Heinfels Richtung Tessenberg abzweigen, bei der ersten großen Kurve hinter Schloss Heinfels links der Straße bis zum Ende folgen | **Öffnungszeiten** Besichtigung auf Anfrage, Kontakt: Johanna Trojer, info@chaletmesh.com | **Tipp** Im Wald unterhalb des Weilers direkt an der großen Kurve findet sich ein mittlerweile zugemauerter Zugang zu unterirdischen Stollen. Von hier soll ein Weg zu den darüberliegenden Höfen geführt haben.

16 Das Kulturhaus

Ja habts denn kein Gasthaus?

Schließen Wirtshäuser in Tiroler Gemeinden, ist das immer eine Meldung wert – vor allem wenn es das letzte im Ort ist. Denn Wirtshäuser gehören zur »Tiroler Identität«, wie Landeshauptmann Günther Platter im Zusammenhang mit dem Sterben der traditionellen (Dorf-)Gasthäuser festhielt. Gab es 2012 in Tirol noch 321 Gasthäuser, waren es Ende 2018 nur noch 299, Tendenz weiter sinkend. Das Land Tirol sucht mittlerweile mit Förderpaketen gegenzusteuern. In Hopfgarten im Defereggental erfuhr man schon vor vielen Jahren schmerzlich, dass kein Gasthaus im Ort kein Zustand ist.

Als der Dorfwirt seine Gaststube zusperrte und auf Pensionsbetrieb umstellte, gab es keinen Treffpunkt mehr. Zehn Jahre mussten die Hopfgartner darben, und das in einer Region, die über ein noch gut funktionierendes Netz an Dorfgasthäusern verfügt. So mancher stänkerte, wie es denn nun ausschaue mit einem Gasthaus. Die Gemeindeverantwortlichen sahen sich in der Pflicht, zumal es auch für das Vereinsleben langfristig ein Manko bedeutete, keinen Versammlungsort zu haben. Als schließlich die Feuerwehr Bedarf an neuen Räumlichkeiten anmeldete, schrieb die Gemeinde Hopfgarten in Zusammenarbeit mit der Dorferneuerung einen Architekturwettbewerb für ein Kulturhaus aus, das alle Bedürfnisse befriedigen sollte: Feuerwehrhalle, Veranstaltungssaal, Räume für die Vereine und Gastwirtschaft. Die Architekten Hans-Peter Machné und Marianne Durig gewannen den Bewerb mit einem markanten, an einen Findling erinnernden, auskragenden Baukörper.

Das zwischen 2001 und 2003 errichtete auffällige Stück zeitgenössischer Architektur war für viele gewöhnungsbedürftig. Seine Qualitäten aber überzeugten selbst die größten Zweifler. Nicht zuletzt bekamen die Hopfgartner nämlich wieder ein »Gasthaus«, das Café elf07, eines, das nicht im Entferntesten an ein traditionelles Wirtshaus erinnert und trotzdem funktioniert.

Adresse Dorf 88, 9961 Hopfgarten in Defereggen | **ÖPNV** Bus 953, Haltestelle Gemeindeamt | **Anfahrt** B108 Felbertauernstraße Richtung Felbertauern, Abzweig Defereggental, in Hopfgarten direkt an der Straße | **Tipp** Von hier aus bereits im Blick hat man die Erweiterung des Friedhofs und die Aufbahrungshalle, die 2011 nach Plänen des Architekturbüros Schneider und Lengauer realisiert wurden. Wenige Schritte sind es auch zum neu gestalteten Dorfplatz und zum Gemeindehaus. 2012 erhielt die Gemeinde Hopfgarten den Baukultur-Gemeindepreis.

17 Die Machlkammer

Ein eigenes Kammerl für die Kunst

In früherer Zeit hatte nicht nur im Defereggental jeder Bauernhof eine Machlkammer. Hier wurde gebastelt und geflickt, gebaut und repariert. Hier wurden Dinge des täglichen Gebrauchs, aber auch dekorative Objekte hergestellt. Mit der verkehrlichen Erschließung und der immer günstigeren industriellen Produktion verloren diese Werkstätten ihre Bedeutung. Trotzdem fertigten im Defereggental einige weiterhin begeistert Patschen, drechselten schöne Schüsseln oder veredelten alte Wurzeln.

In den 1990er Jahren taten sich ein paar Leute zur Kreativgruppe Defereggen zusammen und präsentierten regelmäßig ihre Arbeiten. Die Erzeugnisse kamen so gut an, dass die Interessengemeinschaft auf Initiative des Mitglieds Eva Wahler einen Laden im Ortszentrum von Hopfgarten eröffnete. Das Credo damals wie heute: In der Machlkammer gibt es nur Sachen, die einen engen Bezug zum Defereggental haben, im Tal hergestellt wurden, deren Erzeuger und/oder Materialien aus dem Defereggental stammen. Das Geschäft, mit großem Engagement geführt von Reinhold und Elisabeth Köfele, erfreut sich regen Zuspruchs. »Mittlerweile haben zwei Mitglieder der Kreativgruppe ein Gewerbe angemeldet, sechs ein Kleingewerbe«, freut sich Gründungsmitglied Richard Schneider und sieht in der Initiative eine Stärkung des kreativen und wirtschaftlichen Potenzials im Tal.

Von der Machlkammer war es kein großer Sprung zur Gründung einer Kunstgalerie, der Galerie in der Mitte. Seit 2010 veranstaltet der kleine, eigens dafür gegründete Verein regelmäßig Kunstausstellungen im Raum hinter der Machlkammer. Die Auswahlkriterien sind streng. Die Mitglieder legen Wert auf Qualität und Abwechslung, regionale Künstler wechseln mit überregionalen, bekannte mit weniger bekannten. Längst sind die Vernissagen ein Ereignis im Ort, können die Veranstalter auf ein Stammpublikum zählen und kommen Interessierte aus dem ganzen Bezirk.

Adresse Dorf 10, 9961 Hopfgarten in Defereggen | **ÖPNV** Bus 953, Haltestelle Gemeindeamt | **Anfahrt** B108 Felbertauernstraße Richtung Felbertauern, Abzweig Defereggental, Hopfgarten Zentrum | **Öffnungszeiten** Galerie in der Mitte bei Ausstellungen im Rahmen der Öffnungszeiten der Machlkammer: Mo, Mi, Fr 15–18 Uhr, Sa 9–12 Uhr, feiertags geschlossen, Infos unter www.deferegger-machlkammer.at | **Tipp** Vom Ortszentrum geht ein Wanderweg zur Bergbauernsiedlung Ratzell (auch über eine Kabinenseilbahn von Dölach aus zu erreichen). Von dort führt der Lehrpfad »Im Reich des Apollo« bis zu historischen Heuschobern (Tröglisschupfen) und kann über Rajach zu einer Rundwanderung ausgebaut werden (Dauer der Wanderung je nach Wahl der Route).

18 Der Mittelpunkt Osttirols

Fünf Kilometer mit einem Schritt

Der Mittelpunkt des Bundeslands Tirol liegt südöstlich von Innsbruck, in etwa auf der Höhe der Blauen Seen. Die wiederum liegen malerisch im hinteren Viggartal, mit Sicht talauswärts auf den Patscherkofel und einige Zacken der Nordkette. Also recht prächtig. Der geografische Mittelpunkt Osttirols liegt auf dem Rücken des Firstkogels (2.136 Meter), hoch über Hopfgarten in Defereggen, und ist schlicht eine Wucht!

Bombastischer 360-Grad-Blick über Gebirgsketten bis zum Horizont. Rund 27 Kilometer ist man am Standort von der Außengrenze des Bezirks Lienz entfernt. Entlang einer Einzäunung, die die Umrisse Osttirols nachzeichnet, kann der Wanderer hier die Grenzen des gesamten Bezirks abschreiten. Ein Schritt entspricht fünf Kilometern. Er kann die großen Verkehrsverbindungen durchmessen – Felbertauern, Kärntner Tor, Sillian/Arnbach –, behände über den Staller Sattel und den Iselsberg springen und Berggipfel anvisieren: Großglockner, Hochschober, Hochgall.

Hier erfährt der Wanderer, dass er keine 3.000er besteigen muss, um sich dem Himmel nah zu fühlen, dass nur etwa zehn Prozent der Fläche Osttirols besiedelt sind und etwa ein Viertel aus Ödland und Gletschern besteht. Dass mehr als die Hälfte der Fläche Osttirols auf über 2.000 Metern Seehöhe liegt und 94 Prozent immer noch auf über 1.000. Und noch eine Zahlenspielerei: Der Höhenunterschied zwischen dem höchsten Berg Österreichs, dem höchsten Berg Tirols, dem Großglockner, und der Drau bei Nörsach beträgt 3.167 Meter. Dabei ist Nörsach nicht einmal der niedrigste Ort Osttirols. Lienz etwa liegt zwei Meter tiefer. Aber das ficht einen hier heroben nicht an. Vom Mittelpunkt Osttirols kann man sich nur schwer losreißen, so unglaublich charmant ist er in Szene gesetzt, so unglaublich grandios zeigt sich hier das Land. Nicht im Traum möchte man wissen, wo der Mittelpunkt des Bundeslands ohne Osttirol läge.

Adresse nahe Firstkogel, 9961 Hopfgarten in Defereggen | **ÖPNV** Bus 953, Haltestelle Zwenewaldbrücke, ab da kostenpflichtiges Hüttentaxi empfehlenswert (Kontakt: Tel. 04872/5361) bis zur Wegkreuzung Zwenewaldalm, danach wenig anspruchsvoller, schöner Fußmarsch zur Zirbenalm und zum Firstkogel (circa zwei Stunden) | **Anfahrt** B108 Felbertauernstraße Richtung Felbertauern, Abzweig Defereggental, Hopfgarten, Ort passieren, Parkplatz Zwenewaldbrücke | **Tipp** Von der Bloshütte geht es zum herrlichen Geigensee, dem die Form den Namen gab. Die dortige Selbstversorgerhütte wird liebevoll betreut von Hopfgartnern. Wer zuerst kommt, hat einen Schlafplatz sicher.

19 Die Kulturwiese

Harte Bandagen gegen innovative Kräfte

Nur vier Jahre bestand sie, die Villgrater Kulturwiese, eine Kulturinitiative, die sommers mit einem umfangreichen Kulturprogramm aufwartete. Allerdings in eigenem Gewand. Zeitgenössisches wurde in Szene und in Verbindung mit der Tradition im Tal gesetzt. Das erregte international Aufmerksamkeit. Von »Avantgarde am Ende von Nirgendwo« sprach die deutsche Wochenzeitung »Die Zeit«. Im Tal selbst war das vielen zu avantgardistisch, zu provokant, einigen ein derartiger Graus, dass sie zur Tat schritten. Sie beschädigten Kunstwerke, verschickten Drohbriefe, sabotierten Veranstaltungen. Das Protokoll der Ereignisse, das Andreas Schett, künstlerischer Leiter und Hauptorganisator des Festivals, zur Villgrater Kulturwiese verfasste, las und liest sich wie eine Provinzposse und war doch bitterer Ernst.

Zumal die Angriffe aus der Anonymität heraus kamen – einer Anonymität, die in einem Tal wie dem Villgratental selten eine ist oder bleibt.

Klein beigeben, das kam für die Organisatoren der Kulturwiese qua Villgrater DNA nicht in Frage, und so schraubte sich der Konflikt in immer höhere Sphären. Doch dann ging 1996 in Außervillgraten just jenes Holzgebäude in Flammen auf, in das die Festivalmacher die Materialien vom Zacheler Stadl (Bild) übersiedeln und in dem sie ein Info- wie Kommunikationszentrum einrichten wollten. Die Festivalmacher zogen die Reißleine. Aus war's mit der Kulturwiese – unter großem nationalen und internationalen Medienecho. Geblieben ist die Musicbanda Franui, die im Dunstkreis des künstlerischen Aufbruchs im Villgratental entstanden ist, längst Aushängeschild Tirols, Osttirols, des Villgratentals. Gar einen Villgrater Fanclub wissen Andreas Schett und seine Musiker mittlerweile hinter sich. Auf dem Platz des abgebrannten Stadls steht heute eine Kapelle. Über die Villgrater Kulturwiese ist längst Gras gewachsen. Vergessen ist sie nicht.

Adresse Innervillgraten 92, 9932 Innervillgraten | ÖPNV Bus 966, Haltestelle Tischlerei Lanser | Anfahrt B100 Drautalstraße Richtung Sillian, Abzweig Villgratental, Innervillgraten, Zacheler Stadl an der Straße hinter dem Gannerhof | Öffnungszeiten Gebäude in Privatbesitz und nur von außen zu besichtigen | Tipp Die Dorfschmiede Steidl springt nicht nur architektonisch ins Auge. Im Shop gibt es hervorragend gearbeitete Stücke aus der eigenen Werkstatt – vom Kerzenhalter bis zum Lampenschirm.

20 Besen Bürsten Rainer

Denn auf die Borsten kommt es an

Ludwig Rainer stapelt erst einmal tief. »Es gibt«, sagt er mit kritischem Blick auf Stift und Block, »nicht viel zu erzählen.« Auch wenn in ganz Österreich keine Handvoll traditioneller Bürstenmacher mehr existiert – und er sie alle aufzählen kann. Sein Berufsweg sei unspektakulär, habe sich einfach ergeben, sagt er.

Da die Landwirtschaft zu wenig abwarf, betrieb sein Vater ab Ende der 1950er Jahre ein Kleinsägewerk und stellte Obstkisten her. Ende der 1970er Jahre begann er, Bürstenhölzer zu produzieren. 1986 übernahm Sohn Ludwig die Werkstatt, und als sich 1997 die Möglichkeit bot, Maschinen aus einer Bürstenproduktion in Salzburg zu kaufen, schlug er zu. Ludwig Rainer spezialisierte sich auf die Herstellung hochwertiger Bürstenköpfe und Nischenprodukte. So stellt er etwa Boulderbürsten her, die Kletterer verwenden, um die Griffe von Talg und Magnesium zu reinigen. Sie bestehen aus Buchenholz und Schweineborsten, da diese sich nicht elektrostatisch aufladen. Auch bei den Straßenbesen entscheidet die Qualität der Borsten und des Holzes über den Fegeeffekt und die Lebensdauer der Bürsten. Während Ludwig Rainer für Haarbürsten bevorzugt Tierhaare von Ziege, Dachs, Pferd oder Schwein verwendet, wären Naturborsten für Straßenbesen zu teuer. Gespart wird beim Material trotzdem nicht, betont der Bürstenmacher und wirft eine der Maschinen an, um zu demonstrieren, wie ein Straßenbesen mit rund einem halben Kilo Kunststoffborsten bestückt wird.

In einem kleinen Schauraum im hinteren Bereich der übervollen Werkstätte zeigt Rainer das gesamte Spektrum seiner Bürsten. Bei ihm gibt es sogar noch die Pfannenreiber, die schon zu Omas Zeiten jeden Schmutz entfernten, und war er noch so hartnäckig. Nostalgie will Ludwig Rainer keine aufkommen lassen. Das Gewerbe sei hart, die Konkurrenz aus Fernost gnadenlos, der Beruf des Bürstenmachers am Aussterben, sagt er zum Abschied.

Adresse Ebene 63a, 9332 Innervillgraten-Ebene | **ÖPNV** Bus 966, Haltestelle Kirche | **Anfahrt** B100 Drautalstraße Richtung Sillian, Abzweig Villgratental, Innervillgraten, Ortsteil Ebene | **Öffnungszeiten** regulär Mo–Fr 14–17 Uhr (zur Sicherheit vorher anrufen); Termine auch nach tel. Vereinbarung unter Tel. 04843/63630 | **Tipp** Der Villgrater Schriftsteller Johannes E. Trojer (1935–1991) veröffentlichte volkskundliche, literarische und journalistische Arbeiten, von 1977 bis 1987 gab er die Kulturzeitschrift Thurntaler heraus. Er unterrichtete in der Volksschule Innervillgraten.

21 Das Kruckenkreuz

Das Überdauern einer dunklen Zeit

Ganz hinten im Villgratental, wahrlich nicht arm an Gebäuden, die wie Schwalbennester am Hang kleben, liegt das Örtchen Kalkstein. Eine bäuerliche Idylle, Ausgangspunkt zahlreicher Bergtouren, ein schönes Fleckchen Erde – eines mit düsteren Geheimnissen. Auf dem Friedhof der Wallfahrtskirche Maria Schnee findet sich das Grabmal des Wilderers Pius Walder, der von einem Jäger erschossen wurde. Es gibt Pestkreuze zur Erinnerung an jene Pestepidemie, die Anfang des 17. Jahrhunderts hier wütete. Gleich neben der Kirche das Haus Betanien des Kalasantiner-Ordens. Es schließt sich an das Widum an und beherbergte früher die Schule. Ein Gebetsraum mit Kapelle, der zum In-sich-Gehen auffordert, zu Gebet und Besinnung – und in vollkommenem Kontrast zum Kruckenkreuz steht, das unübersehbar an der Außenstiege prangt, die in den ersten Stock des Gebäudes führt. Der Doppeladler in der Mitte, die Tierköpfe gleichsam von einem Heiligenschein umgeben, symbolisiert das christlich-katholische Fundament Österreichs.

Ein mit Reißzwecken befestigter Zettel verweist auf die dunkle Geschichte dieses Motivs, das für den austrofaschistischen Ständestaat unter Engelbert Dollfuß steht. Dieser schaffte den Parlamentarismus in Österreich ab und installierte ein diktatorisches Regime. Angebracht hatte das Kruckenkreuz der Kalksteiner Vinzenz Schaller, gestorben 2003, ein überzeugter Anhänger der Vaterländischen Front. Er funktionierte das Gebäude 1935/36 zu einer Dollfuß-Gedächtnis-Schule um, in der bis 1961 Unterricht stattfand. Schaller wurde von den Nationalsozialisten verhaftet. Als er 1945 aus dem Konzentrationslager Dachau zurückkam, soll er das Kruckenkreuz wieder aufgehängt haben. »Das Kruckenkreuz und der Doppeladler haben die nationalsozialistische Zeit hier überdauert«, steht abschließend auf dem Zettel. Man fragt sich, warum. Man fragt sich, wie dieser Satz zu deuten ist.

Adresse Kalkstein 160, 9332 Innervillgraten-Kalkstein | **ÖPNV** Bus 966, Haltestelle Kalkstein | **Anfahrt** B100 Drautalstraße Richtung Sillian, Abzweig Villgratental, Innervillgraten, weiter Richtung Kalkstein | **Tipp** Ein Ausflug nach Kalkstein, ohne in der Badlalm einzukehren, ist nur das halbe Vergnügen. Nach einer Wanderung (es bietet sich der Pestweg an, den schon der Lyriker Ernst Jandl beschritt) lässt sich hier vorzüglich speisen und die Aussicht genießen.

22 Die Verordnung

Keine wild wachsenden Anlagen bitte!

Es sind oft Kleinigkeiten, die einen Ort verändern, ihm in Summe ein anderes, ein neues, selten ein schöneres Gesicht geben. Stellen einzelne Satellitenschüsseln noch kein ästhetisches Problem dar, ändert sich die Situation, wenn gleich mehrere auf den Balkonen blitzen, auf dem Dach stehen und im wahrsten Sinne des Wortes den Anblick verschandeln. Besonders schmerzlich zeigt sich das bei historischen Bauten. Die Gemeinde Innervillgraten wollte dem Wildwuchs speziell im Bereich thermische Solar- und Photovoltaikanlagen einen Riegel vorschieben.

Alternative Energiegewinnung ja, aber in Maßen. Denn für das Gesamtbild aus Natur- und Kulturlandschaft erweist sich die Größe der Anlagen als entscheidend. Wenn ganze Dachlandschaften oder gar Hänge mit solchen Systemen bestückt werden sollen, dann ist in Innervillgraten Schluss mit lustig.

Nach eingehender Diskussion mit Fachleuten, wie Langzeitbürgermeister Josef Lusser betont, erließ der Gemeinderat im Februar 2013 eine Verordnung, die den Einsatz von Photovoltaik- und Solaranlagen für alle Innervillgrater einheitlich regelt. Grundsätzlich, steht darin zu lesen, befürworte die Gemeinde erneuerbare Energieformen, aber bei als Baudenkmal eingestuften Gebäuden und Gebäuden mit Schindeldächern würden Anlagen, die größer als 20 Quadratmeter sind, nicht erlaubt, bei solchen unter 20 Quadratmetern brauche es die Zustimmung des Bundesdenkmalamts.

Für alle anderen frei stehenden Objekte gilt unter anderem: Fotovoltaik- und Solaranlagen sollten ausschließlich in der Nähe von bestehenden Gebäuden errichtet werden, die Strukturen andere Objekte nicht beeinträchtigen und das Ganze von Fachleuten überprüft werden. Für die Einspeisung ins Stromnetz braucht der Betreiber zudem eine Stellungnahme des zuständigen Energieversorgers. Das Bundesdenkmalamt freut die Regelung natürlich, einige Gebäudebesitzer weniger.

Adresse unter anderem Kalkstein 159, 9992 Innervillgraten-Kalkstein | **ÖPNV** Bus 966, Haltestelle Kalkstein | **Anfahrt** B100 Drautalstraße Richtung Sillian, Abzweig Villgratental, Innervillgraten, weiter Richtung Kalkstein | **Tipp** Ein Schmuckstück ist das 300 Jahre alte Giatla Haus (Kalkstein 154), das zu einem Apartmenthaus umgebaut wurde, mit Pelletsheizung, Lüftung und ökologischen Dämmstoffen (Preisträger des Tiroler Sanierungspreises 2018).

23 Die Ruine Walchenstein

Die Überbleibsel freigelegt im Sturm

Wer heroben steht, auf der Holzbank Platz nimmt, die auf einem Hügel mitten in der Ruine steht, will nicht mehr weg. Und das, obwohl von der ehemaligen Wehrburg Walchenstein (manchmal auch Wallenstein genannt) nur überschaubare Reste geblieben sind, ein bisschen von der Ringmauer, ein bisschen vom Torbau und vom Turm. Der Blick fällt ins Lienzer Becken, fast geradeaus der Lavanter Kirchbichl. Mit Burg Dölsach, Ehrenberg bei Tristach, der Lienzer Klause, Schloss Bruck und Heidenberg oberhalb von Nußdorf bildete dieser einst einen Schutzring um Lienz.

Walchenstein lag perfekt auf einer fast eiförmigen Kuppe, die südlich stark abfällt. Vorrömische Kleinfunde verweisen darauf, dass der Berghang zumindest im südlichen Teil bereits in der Römerzeit besiedelt war. Ein Römerweg führte hier vorbei über den Iselsberger Sattel ins Kärntner Mölltal sowie über die Pfandlscharte ins Salzburgerische.

Urkundlich erwähnt wurde die von den Herren von Walchenstein errichtete Anlage erstmals 1293. Noch im späten Mittelalter von strategisch wichtiger Bedeutung, ging sie bereits im 16. Jahrhundert in bäuerlichen Besitz über und verfiel, ihrer Funktion beraubt, mehr und mehr. Ende der 1990er Jahre fanden hier archäologische Untersuchungen statt, die spärlichen Mauerreste wurden konserviert, ein Zugang angelegt. Dann geriet die Burgruine wieder in Vergessenheit. Sträucher und Bäume überwucherten Mauerwerk und Zugang. Selbst der Wallensteiner Bauer dachte nicht mehr an den verödeten Schatz südlich der Wiesen. Bis, ja, bis zum großen Unwetter im Herbst 2018. Die gewaltigen Stürme legten ganze Bergflanken frei, knickten Bäume wie Streichhölzer, und plötzlich war Walchenstein wieder zu sehen, auch von Dölsach aus. Das Schadholz kam weg, Büsche und Sträucher wurden gekappt, und die Burgruine erwachte aus dem Dornröschenschlaf. Wer hier steht, kann kaum glauben, dass sie je vergessen werden konnte.

Adresse südlich des Außerwallensteiner Hofs (Stronach 6a), 9992 Iselsberg-Stronach | **ÖPNV** Bus 942, Haltestelle Dolomitenblick, Fußmarsch Richtung Ortsteil Stronach | **Anfahrt** B100 Drautalstraße Richtung Nußdorf-Debant, Kreisverkehr auf B107 Glocknerstraße Richtung Iselsberg, Abzweig Stronach | **Tipp** Anton Walder, vulgo Außenwallensteiner, hat für seine Familie nördlich seines Hofs eine Kapelle zu Ehren des heiligen Josef errichtet. Die Kapelle ist tagsüber für alle Menschen geöffnet, »die Ruhe suchen oder zu danken haben«.

24 Die Zwischenberger Lacke

Den Odem des Schwarzen Reiters im Nacken

Der Rundwanderweg um die Zwischenberger Lacke ist kurz, informativ und abwechslungsreich. Das Feuchtgebiet bietet Lebensraum für viele Tiere und Pflanzen, wobei die Libellen, die größten und wohl schönsten Insekten Tirols, besonders beeindrucken. An der Zwischenberger Lacke, 1992 zum Naturdenkmal erklärt, sollen gleich vier Arten zu finden sein: Mosaikjungfer, Heidelibelle, Vierfleck und Azurjungfer. Laien sind schon froh, wenn sie eine entdecken. Die Zone rund um den kleinen See mit Schwingraseninseln und Verlandungszone besteht aus einem sumpfigen Erlenwald. Der wiederum bietet ideale Bedingungen für verschiedene Baumarten wie Faulbaum, Purpurweide, Grauerle oder Birke. Daneben findet man Sumpf-Kratzdistel, Teichschachtelhalm und Geflecktes Knabenkraut, Bibernelle und Weißes Labkraut, Segge und Wollgras.

Während man so entlangspaziert am Naturdenkmal Zwischenberger Lacke und Ausschau hält, der Stille lauscht und die Feuchte spürt, die über den moorigen Gründen schwebt, den Moder riecht, der vom Totholz aufsteigt, und die eine oder andere bizarre Wurzel bestaunt, während man wuselnden Ameisen ausweicht, die die Sandalen stürmen, in ungeschütztes Fleisch zwacken und ihr »Gift« in die Wunde sprühen, und Spinnweben bestaunt, die in der Morgensonne glänzen, derweil der letzte Nebelschleier sich verflüchtigt – ja, da kann es schon sein, dass einen ein eigenartiges Gefühl überkommt.

Das Gefühl, den Atem des Schwarzen Reiters im Nacken zu spüren oder den Schatten des riesigen Pferdes zu sehen, wie es über dem Weiher schwebt, sich aufbäumt und entschwindet. Einst soll nämlich ein Schwarzer Reiter, auf der Flucht vor Folter und Verlies, über den Zwischenberger Sattel geritten sein. Er kam vom Weg ab, fiel ins Moor, das ihn verschlang. Der Legende nach sollen sein Wehklagen und das Pferdegewieher nur in Vollmondnächten zu hören sein. Doch wer weiß …

Adresse Zwischenberger Sattel, 9992 Iselsberg-Stronach | Anfahrt B100 Drautalstraße Richtung Nußdorf-Debant, Kreisverkehr Abzweig B107 Glocknerstraße Richtung Iselsberg, Abzweig Stronach, Abzweig auf Mautstraße Richtung Zwischenberger Sattel | Tipp Nördlich des Biotops findet sich ein Gatter. Mit einem Schritt steht der Wanderer in Kärnten, mit einem Schritt zurück ist er wieder in Osttirol.

25 Die Kirchenruine

Magischer Ort am bröselnden Ende der Welt

Sie ist nicht leicht zu finden, die älteste sakrale Ruine Tirols, die auf dem Köfele, einem Felssporn hoch über der Fraktion Burg, liegt. Dabei marschierten die Bewohner der Ortschaft früher mehrmals im Jahr hinauf auf das Felsplateau auf 1.700 Metern Seehöhe. Ob es stürmte oder schneite, sie nahmen den gefährlichen und abschüssigen Weg, der direkt vom Tal nach oben führte, um zum Kirchlein St. Peter zu gelangen. Es liegt nicht nur etwa auf gleicher Höhe wie die Allerheiligenkapelle von Virgen und die Silvesterkapelle bei Innichen, sondern ebenfalls weitab von besiedeltem Gebiet.

1609 erstmals genannt, fanden hier an bestimmten Tagen Messen statt. Bis ins 19. Jahrhundert war St. Peter zudem ein beliebter Wallfahrtsort. Bis ein Blitzschlag das Kirchlein traf und es in Flammen aufging. Die Mauerreste blieben, das Inventar wanderte, so heißt es, in die Stuben und Kammern der Kalser Bevölkerung. Ein Kraftort freilich blieb die Kirchenruine, deren fast quadratischer Grundriss gerade einmal 3,7 mal 5,15 Meter misst.

Auf private Initiative hin und mit Hilfe des Bundesdenkmalamts wurden die Mauerreste vor wenigen Jahren konserviert und unter Schutz gestellt. Davor allerdings galt es, die Felskuppe massiv zu sichern, drohte sie doch sukzessive abzubrechen – eine Herausforderung für alle Beteiligten. Zumal sich die Kosten für die Rettung dadurch stark erhöhten. Der alte Weg ist längst nicht mehr begehbar. Doch auch der schmale Steig, der vom Forstweg abzweigt, hat seine Tücken und empfiehlt sich nur trittsicheren und schwindelfreien Wanderern.

Wer dem breiten Forstweg, der zur Felsenkapelle führt, weiter folgt, kommt zu einer Gabelung. Links geht der Weg Nummer 42 weiter, rechts mündet der Fahrweg in einen Steig durch den Wald. Von der Hangkante aus lässt sich ein erster Blick auf die Ruine von St. Peter werfen. Wer sich traut, geht weiter. Mit Ausnahme von Glor sind von hier aus alle Ortsteile von Kals zu sehen.

Adresse Anhöhe über dem Ortsteil Burg, 9981 Kals am Großglockner-Burg | ÖPNV Bus 952, Haltestelle Burg, Forstweg Felsenkapelle, Wanderung zur Kirchenruine St. Peter nur für Schwindelfreie und Trittsichere (circa eine Stunde) | Anfahrt B100 Felbertauernstraße Richtung Felbertauern, Abzweig Richtung Kals a. G., nach Ködnitz Abzweig Richtung Burg, nach der Brücke rechts Schild »Felsenkapelle« folgen, kleiner Parkplatz | Tipp Auf dem Weg zur Kirchenruine findet sich eine Felsenkapelle. Bei den Grabungsarbeiten dafür stieß deren Erbauer Josef Kerer auf Tierknochen, Keramiken und Feuersteingeräte. Ihre Anordnung deutete auf eine frühzeitliche Kultstätte hin.

26 Das Gradonna Resort

Vom jähen Ende eines Bergsteigerdorfs

2008 initiierte der Österreichische Alpenverein (ÖAV) das Siegel Bergsteigerdorf für Orte und Talschaften, die den sanften Tourismus großschreiben, alpine Tradition und Kultur bewahren, aktiv Natur- und Landschaftsschutz betreiben sowie in Raumplanung und Tourismus ressourcenschonend und nachhaltig agieren. Erklärtes Ziel: die Attraktivität des ländlichen Raums steigern und eine Alternative zu den technikintensiven Tourismusorten bieten. Das Prädikat ist gefragt, die Kriterien sind streng. Kals am Fuße des mächtigen Großglockners, Gründungsmitglied der Initiative, war prädestiniert für diesen Titel. Es erhielt ihn 2008. Umso bitterer, dass der Gemeinde die Auszeichnung Bergsteigerdorf drei Jahre später aberkannt wurde.

Schon den Skigebietszusammenschluss zwischen der Matreier Goldriedbahn und den Bergbahnen Kals, der im gleichen Jahr erfolgte, hatte der Alpenverein kritisch gesehen. Dazu kam kurze Zeit darauf ein aufsehenerregendes und – besonders in Architektenkreisen – heftig diskutiertes Großprojekt. Es wurde ebenfalls von der Nordtiroler Schultz-Gruppe umgesetzt: das Gradonna Mountain Resort, ein weithin sichtbarer Chalet- und Hotelkomplex auf einer Lichtung oberhalb des Ortsteils Großdorf mit rund 500 Betten, 3.000 Quadratmetern Wellnessbereich, dazu Restaurant und Sportshop.

Das im Ort wenig umstrittene Ensemble klotzt in die Landschaft. Ein neunstöckiger Turm ragt aus einem etwas abgeknickten langen Riegel, drum herum gruppieren sich über 40 Chalets. Als »neuen Weiler« interpretierte das Architektenteam Reitter-Stolz die Anlage. Trotz Best Architects Award in der Kategorie Gewerbe und Industriebauten, dem ÖAV war's zu viel. Er entzog Kals das Siegel Bergsteigerdorf. Das trübte lange das Verhältnis zwischen der Großglockner-Gemeinde und dem Alpenverein. Mit dem Tiroler Gailtal und dem Villgratental tragen derzeit zwei Osttiroler Talschaften den Titel Bergsteigerdorf.

Adresse Gradonna 1, 9981 Kals am Großglockner-Großdorf | **ÖPNV** Bus 952, Haltestelle Großdorf, kurzer Fußmarsch | **Anfahrt** B108 Felbertauernstraße Richtung Felbertauern, Abzweig Kals a. G., bei Lesach Abzweig Richtung Ortsteil Lana, weiter Richtung Großdorf | **Öffnungszeiten** von außen zu besichtigen | **Tipp** Zwischen den Fraktionen Ködnitz und Großdorf liegt, nicht zu übersehen, malerisch die Filialkirche St. Georg. Sie wurde 1366 geweiht und ist ein äußerst beliebtes Fotomotiv. Besonders ins Auge sticht der im Verhältnis zum Langhaus relativ hohe Turm.

27 Das Dorfzentrum

Ein Zentrum schaffen, wo keines war

Neue Dorfzentren sprießen in Tirol, das eine mehr, das andere weniger gelungen. Eines der frühen und nach wie vor herausragendsten, das für Furore sorgte, ist das Dorfzentrum von Kals am Großglockner. Es schuf nämlich erst ein Zentrum in der aus Streusiedlungen bestehenden Gemeinde; Ködnitz ist eine der elf Fraktionen. 2009 erhielt die Gemeinde den erstmals vom Verein LandLuft vergebenen Baukulturgemeinde-Preis. Begonnen hatte die Veränderung schon 15 Jahre vorher. Die Kalser wollten den Ortskern von Ködnitz qualitätvoll neu gestalten, als Mittelpunkt der verstreut liegenden Weiler etablieren.

Ködnitz liegt auf einer Geschiebezunge. Am Beginn zeichnet die Kalser Landesstraße eine scharfe S-Kurve nach oben und zwängt sich zwischen Widum und ehemaligem Gemeindeamt durch. Zwischen Kirche und Widum wiederum standen die Schule und ein Gasthaus. In einem ersten Schritt wurden die beiden Letzteren abgerissen. Die Fläche sollte, neu organisiert, als Ortszentrum fungieren. Vier Architekturbüros lieferten Vorschläge. Zum Zug kamen Schneider & Lengauer Architekten. Direkt an der Straße planten sie einen lang gestreckten Baukörper. Das Glocknerhaus beherbergte Bank, Tourismusbüro, den Infopoint Großglockner und im Untergeschoß eine Großglockner-Ausstellung. Zwischen Widum und Pfarrkirche errichteten sie, stark zurückversetzt, das neue Mehrzweckhaus »de Calce«, ein schlichtes Gebäude, das Widum und Kirche strahlen ließ und Platz für Gemeindeamt, Bergrettung und Feuerwehr bot. Zwischen den Gebäuden entstand so ein Dorfplatz. Im letzten Schritt wich das ehemalige Gemeindehaus im Straßenzwickel einem neuen, formal auffälligen Kulturhaus, in dem sich unter anderem der Johann-Stüdl-Gemeindesaal befindet.

Entstanden ist ein stimmiges Ensemble aus denkmalgeschützten historischen Gebäuden und zeitgenössischer Architektur, ein richtiges Dorfzentrum. Nur die Straße passt nicht ins Bild.

Adresse Ködnitz 6, 9981 Kals am Großglockner-Ködnitz | **ÖPNV** Bus 952, Haltestelle Gemeindeamt | **Anfahrt** B108 Felbertauernstraße Richtung Felbertauern, Abzweig Kals a. G., Ortsteil Ködnitz | **Tipp** Im wenige Schritte entfernten Kalser Handwerksladen & Köstlichkeiten gibt es kulinarische und handgefertigte Feinheiten aus der Region.

28 Heidis Heimat

Wo das Bindle zur Türschwelle mutierte

Osttirol ist äußerst beliebt bei Filmemachern. Kein Wunder, ist die Region doch reich an urigen Orten samt imposanter Bergwelt. Anfang der 1990er Jahre stand Kals im Fokus eines ganz besonderen Vorhabens, einer Neuverfilmung des Kinderbuchklassikers »Heidi« von Johanna Spyri. Der Inhalt braucht wohl nicht weiter erklärt zu werden, »Heidi« ist ein Kassenfüller, hat unzählige Verfilmungen erlebt und wird sicher weitere erleben.

Unter der Regie von Michael Rhodes agierten die englisch-amerikanische Schauspielerin Jane Seymour als Fräulein Rottenmeier, der Kinderstar Noley Thornton als Heidi, der US-Amerikaner Jason Robards als bärbeißiger Großvater, die Entdeckungen Lexi Randall als Klara und Benjamin Brazier als Peter sowie die Oscar-Preisträgerin Patricia Neal als Großmutter. Sie alle fanden sich in Kals ein, wo zentrale Szenen der Geschichte gedreht wurden, nämlich jene um Almöhis Hütte und die um den Besuch von Klara.

Mehr als ein bisschen Phantasie braucht es, um den Stadel auf 1.550 Metern Seehöhe (bei der ersten großen Linkskurve der Kalser Glocknerstraße) zu identifizieren. Er gehörte zur Hofstelle Ranggetin, das Wohnhaus war allerdings schon einige Zeit vor den Filmaufnahmen abgerissen worden. Auf der rechten Seite des Stadels befindet sich jene Holzstiege samt Podest (»Bindle«), die im Film als Aufgang zum Haus der Großmutter dient, wo Klara bei ihrem Besuch im Dörfli nächtigt (die Kirche im Dörfli ist die St.-Nikolaus-Kirche in Matrei in Osttirol).

Der zweite Ort befindet sich etwa 500 Meter südöstlich des Lucknerhauses. Die Ruprechter Alm mutierte zu Almöhis Hütte. Von dieser aus sieht man direkt auf den Großglockner.

Man kann sich gut vorstellen, wie Heidis Großvater auf der Bank sitzt und seine Pfeife anzündet, während Heidi auf den Geißen-Peter wartet oder auf ihre Freundin Klara, die aus Frankfurt angereist ist, um sie zu besuchen.

Adresse Kalser Glocknerstraße, 9981 Kals am Großglockner-Ködnitz | **ÖPNV** Bus 952, Haltestelle Lucknerhaus, bei »Klaras Hütte« kein Halt | **Anfahrt** B108 Felbertauernstraße Richtung Felbertauern, Abzweig Kals a. G., nach Ködnitz Richtung Burg, Abzweig Kalser Glocknerstraße, letzter Abschnitt mautpflichtig | **Öffnungszeiten** nur von außen zu besichtigen | **Tipp** Der Rundwanderweg »Glocknerspur – BergeDenken« beginnt direkt am Parkplatz am Ende der Kalser Glocknerstraße und dauert circa eine Stunde. Auf dem Weg befinden sich zahlreiche Schautafeln, die Interessantes aus der Alpingeschichte des Großglockners erzählen.

29 Der Mineralienfund

Sagenhaft glitzerte es am Großglockner

In der Antike galten Kristalle als das »ewige Eis« der Götter. Sie faszinieren seit Menschengedenken, und seit Menschengedenken werden sie gesammelt. Während Laien Hinweise in der Natur nicht erkennen, wissen geologisch geschulte Menschen, wo Mineralien zu finden sind. Das Tauernfenster, in dem der Großglockner liegt, ist dank seiner erdgeschichtlichen Voraussetzungen prädestiniert für Mineralienfunde. Die Vereinigten Mineraliensammler Kals machen sich seit Jahrzehnten ambitioniert auf die Suche nach den Preziosen. Der größte Fund bisher allerdings gelang dem aus dem Defereggental stammenden Stefan Obkircher.

1994 entdeckte der Landwirt, leidenschaftlicher Bergsteiger und Mineraliensammler, im Nordwesten der Hofmannspitze auf 3.575 Metern Seehöhe in extrem abschüssigem Gebiet einen weißlich schimmernden Derbquarzgang im Gesteinsschutt, Kennern ein klares Zeichen für eine alpine Kluft. Sie war im Zuge der starken Gletscherschmelze zutage getreten und damit Witterung und Zerstörung ausgesetzt. Die Bergung in extremer Lage konnte nur mit Einverständnis des Grundeigentümers Österreichischer Alpenverein und via Hubschrauber erfolgen, wofür es die Bewilligung der Nationalparkverwaltung Hohe Tauern brauchte. Der Mineraloge Franz Walter begleitete die Rettungsaktion wissenschaftlich. Allein 2012 stiegen Obkircher, der Bergführer Kurt Sternig und der Nationalparkmitarbeiter Andreas Rofner rund 30 Mal auf, um sich Meter für Meter in die Kluft vorzuarbeiten und die Kristalle aus dem Eis zu lösen. Sie waren von derart ausgezeichneter Qualität, dass Obkircher sein Glück fast nicht fassen konnte. Obwohl einige wertvolle Stücke durch einen Steinschlag zerstört wurden, konnte schließlich der bisher größte Mineralienfund in den Ostalpen gefeiert werden. Im Glocknerhaus in Ködnitz sind die schönsten Exemplare ausgestellt, die Bergung ist in einer spannenden Dokumentation zusammengefasst.

Adresse Ködnitz 7, 9981 Kals am Großglockner-Ködnitz | ÖPNV Bus 952, Haltestelle Gemeindeamt | Anfahrt B108 Felbertauernstraße Richtung Felbertauern, Abzweig Kals a. G., Ortsteil Ködnitz | Öffnungszeiten Sommer Mo, Mi, Fr 15–18 Uhr, Herbst–Frühling Fr 14.30–17.30 Uhr, Führungen auf Anfrage, Infos bei Tourismusinformation Kals, Tel. 050/212540, kals@osttirol.com | Tipp Nicht nur bei einer Rundwanderung stößt man auf markante Hof- und Siedlungsbezeichnungen. Es finden sich solche romanischen, slawischen und südbaierischen Ursprungs. So ist etwa Ködnitz (Gegend im Winkel) slawischen, Glor (Anglar) romanischen und Burg deutschen Ursprungs.

30_Die Fluttermühlen

Wenn die Schaufeln waagrecht stehen

Wie Perlen einer Kette reihen sich die sieben Mühlen entlang des Kalser Bachs, der die Ortsteile Unterburg und Großdorf trennt. Die Stockmühlen, hier Fluttermühlen genannt, tragen die Vulgonamen ihrer Besitzer: Hofer, Taurer, Pahl, Platzer, Rogler, Obenfiger, Kerer und Hofer/Uhl. Mühlen fanden sich früher natürlich häufig in Dörfern, als Gemeinschaftsmühlen mehrerer Höfe oder einzeln bestimmten Höfen zugehörig.

Die meisten denken bei Mühlen heute primär an solche mit vertikalen Wasserrädern. Doch diese Mühlen sind weit jünger als Flutter- beziehungsweise Stockmühlen, bei denen die Wasserschaufeln waagrecht am stehenden Wellbaum angebracht sind – womit sich der eigentümliche Name erklärt: Fluttern heißen die Wasserschaufeln am Wellbaum. Diese frühen Mühlen stehen exemplarisch für bäuerliche Technikgeschichte und Innovationskraft. Bei allen Gerätschaften war zentral, dass die verwendeten Materialien jederzeit günstig zur Verfügung standen, damit die Bauern die Reparaturen selbst durchführen konnten. Die an Bächen angesiedelten Mühlen fielen immer wieder – teilweise oder ganz – Hochwasser und Muren zum Opfer.

Im waagrecht laufenden Wasserrad aus Holzschaufeln oder Holzplatten ist eine senkrechte Welle befestigt, die wiederum mit dem Läuferstein, dem beweglichen Stein des Mühlsteinpaars, verbunden ist. Ob grob oder fein gemahlenes Mehl, lässt sich durch den Abstand der Steinplatten bestimmen – wofür ein einfacher Hebemechanismus betätigt wurde. Was viele nicht wissen: Dieses System diente dem französischen Ingenieur Benoît Fourneyron (1802–1867) als Ausgangspunkt für die Entwicklung der Turbine.

Fluttermühlen benötigten viel Wasser und ein starkes Gefälle, das mit dem »Schusskendl« (Wasserrinne) erzeugt wurde. Es gab sie vermutlich schon in vorrömischer Zeit. In Österreich sind Stockmühlen vornehmlich in Kärnten und Osttirol zu finden, nur vereinzelt in Nordtirol.

Adresse Unterburg, 9981 Kals am Großglockner-Unterburg | **ÖPNV** Bus 952, Haltestelle Unterburg oder Haltestelle Abzweig Burg | **Anfahrt** B108 Felbertauernstraße Richtung Felbertauern, Abzweig Kals a. G., nach Ködnitz Richtung Burg, beim Bergerhof links abzweigen, kleiner Parkplatz beim Naturerlebnispfad am Bach | **Öffnungszeiten** ganzjährig zugängliches Freilichtmuseum | **Tipp** Die enge, wilde Dabaklamm und das dahinterliegende weitläufige Dorfertal sind ein beliebtes Wandergebiet.

31 Der Peischlerwirt

Auf einen Kaffee beim Direktvermarkter

»Blumile, Pullile, Äpfl-Birn, Körn« – so lautet die Erklärung der kleinen Hemma Riepler (sieben Jahre) für die Symbole im Logo des Peischlerwirts. Blume, Henne, Apfel-Birne, Ähren – das sind die vier Eckpfeiler der Landwirtschaft von Johannes und Veronika Riepler in Unterpeischlach. Die Blume steht für alles Pflanzliche, für die Biodiversität, die hier herrscht, für die Kräuter vor allem, die am Hof angebaut und zu Tees verarbeitet werden. Die Henne für die Eier, die Tiere und die selbst erzeugten Fleischprodukte wie Würste oder Speck. Aus den Früchten, die am Hof gedeihen, stellt Familie Riepler Marmeladen und Aufstriche, Säfte und hochprozentige Brände her. Zudem baut sie auf zwei Hektar der 13 Hektar umfassenden Nutzfläche (exklusive Wald und Alm) Getreide an. Veronika Riepler mahlt Getreide (Dinkel, Weizen, Roggen), backt Kuchen und Brot. Rund 80 Prozent der Produkte in den Regalen des Hofladens stammen aus der eigenen Landwirtschaft, daneben verkaufen die beiden Milcherzeugnisse befreundeter Bauern. »Wir wollten keine Spezialisierung, sondern breit aufgestellt sein«, betont Vroni Riepler. Die Vielfalt mache die Bauernschaft aus und erhalte langfristig die Freude.

Den Vulgonamen Peischlerwirt erhielt der Riepler Hof, weil er im 19. Jahrhundert eine Gastwirtschaft führte. Veronika und Johannes Riepler lassen die Tradition wieder aufleben – auf ihre Art. Mit dem Hofladen eröffneten sie 2013 auch ein Hofcafé, in dem sich die Leute aus der Umgebung beim Einkauf oder einfach so auf ein Schwätzchen treffen und gleichzeitig einen Cappuccino, einen Kuchen oder ein Gläschen Wein genießen können. Das Angebot wird geschätzt: 85 Prozent der Kunden sind Stammkunden. Doch auch wenn der Hofladen gut angenommen wird, Veronika und Johannes Riepler, beide gelernte Schlosser, fallen unter die – stetig wachsende – Kategorie Nebenerwerbsbauern. Auf ein fixes Zusatzeinkommen können sie nicht verzichten.

Adresse Unterpeischlach 12, 9981 Kals am Großglockner-Unterpeischlach | ÖPNV Bus 951, 952, Haltestelle Kalser Brücke | Anfahrt B108 Felbertauernstraße Richtung Felbertauern, Abzweig nach Unterpeischlach, Beschilderung »Riepler Hof« folgen | Öffnungszeiten Mi 13–17 Uhr, Sa 9–12 Uhr (15. Sept.–15. Okt. geschlossen), Hofführungen nach Vereinbarung, Kontakt: info@peischlerwirt.at, Infos unter www.peischlerwirt.at | Tipp Das Kalser Kraftwerk in Unterpeischlach, errichtet 1949/50, wird vom Wasser des Kalser Bachs gespeist. Hier befindet sich der tiefste Punkt der Gemeinde Kals.

32 Das Wartehäuschen

Grenzüberschreitungen und deren steinerne Zeugen

Es schaut ein bisschen aus wie ein Periskop, und das soll auch so sein. Das nigelnagelneue Buswartehäuschen im Zentrum von Kartitsch, das gleichzeitig als Infopoint und Startpunkt für den ebenfalls nigelnagelneuen Weitwanderweg 1753 dient.

1753 heißt er, weil in jenem Jahr Maria Theresia von Österreich einen lange währenden Grenzstreit mit dem Dogen von Venedig friedlich beilegte. Landvermesser hatten den Grenzverlauf kartiert. In Stein gemeißelt wurde er durch Hunderte Grenzsteine, die sich vom Karnischen Kamm bis zum Gardasee zogen. Viele finden sich heute noch. Besonders gut erhalten ist der Abschnitt am Kreuzbergpass genau im Grenzgebiet zwischen Kartitsch, Comelico Superiore (Belluno) und Sexten (Südtirol).

Das Grenzüberschreitende und Völkerverbindende dieser Grenzsteine machten sich Kartitsch, Comelico und der Tourismusverband Sexten zunutze und reaktivierten den Grenzverlauf von 1753 als Weitwanderweg. Das Einmalige daran: Die erhaltenen Grenzsteine sind »geteilter Besitz der angrenzenden Regionen«, was eine gemeinsame Unterschutzstellung erfordert. In das Projekt waren und sind daher die Denkmalämter von Venedig, Trient, Bozen und Innsbruck involviert.

Nur stimmig, dass die Architektur für den »Eyecatcher« in Kartitsch von Daniella Zambelli aus Comelico Superiore stammt. Das Gebäude symbolisiert den verlorenen ersten Grenzstein A1, und es vereint drei Funktionen. Als Periskop gibt es dem Wanderer schon einmal einen Blick auf den Weg frei (er führt über Obstans und den Kreuzberg, wo ein weiterer Infopoint wartet), weswegen es in dessen Richtung zur Grenze hin ausgerichtet ist. Zudem finden sich eine Abbildung der historischen Karte, aktuelles Kartenmaterial und Infos zum Weitwanderweg. Die Replik eines Grenzsteins dient dem Weitwandernden als Start- beziehungsweise Endpunkt. Und nicht zuletzt fungiert das Bauwerk als schützende Bushaltestelle.

Adresse Kartitsch Zentrum, 9941 Kartitsch | ÖPNV Bus 965, Haltestelle Gemeindeamt | Anfahrt B100 Drautalstraße Richtung Sillian, Abzweig B111 Richtung Tiroler Gailtal, Kartitsch Zentrum | Tipp Kartitsch ist seit 2018 das erste Winterwanderdorf Österreichs. 2018/19 verfügte der Ort bereits über zehn zertifizierte Wanderwege, darunter der Hollabrucker Rundwanderweg.

33__Die Tannwiese

Quirlige Moorgesellschaft auf dem Sattel

Am Kartitscher Sattel, auf 1.530 Metern Seehöhe, pfeifen die Autos vorbei, dass einem angst und bang werden kann. An ein langsameres Fahren, gar kurz am Straßenrand zu halten oder in einer Ausbuchtung stehen zu bleiben, um ein Stück der Straße entlangzugehen, sie eventuell sogar zu queren, daran ist nicht zu denken. Dabei zieht die Tannwiese am Kartitscher Sattel die Aufmerksamkeit wie magisch auf sich. Sommers sattes, »mugeliges« Grün, im Frühherbst rostrote, gelbe, ockerfarbene Töne in gleißendem Licht.

Kartitsch ist nicht arm an Biotopen. Nicht weniger als 17 sind ausgewiesen. Aber die Tannwiese darf getrost als das markanteste bezeichnet werden, allein wegen ihrer Größe, ihrer Lage direkt an der Landesstraße. Laut Biotopinventar gehört die Tannwiese zu den »basenreichsten Moorgesellschaften Osttirols«. Zwischen 17 und 43 Pflanzenarten wurden, je nach Probe, nachgewiesen.

Die Niedermoore prägen hauptsächlich Davall- und Schnabel-Segge, dazu Stern-, Hirse-, Graue und Braune Segge, verschiedene Arten von Wollgras, Knabenkraut, Mehlprimel oder Alpenhelm, Sumpfschachtelhalm und Moose wie Sichel- und Stern-Goldschlafmoos. In den Tümpeln der Niedermoore schwimmend, finden sich einige Hochmoore mit der ihnen entsprechenden Vegetation. Dazu noch Gräben, an denen vor allem Schnabel-Segge, aber auch Grünerlen auszumachen sind, Mädesüß und Wiesenknöterich, Sumpfdotterblume, Kriechender Hahnenfuß oder Fieberklee. Ein Tummelplatz für Insekten, Amphibien, Reptilien und Vögel. Sieben geschützte Pflanzenarten und sieben gefährdete Pflanzenarten wachsen hier. Während Fachleute der Tannwiese überregionale Bedeutung beimessen und die mitunter deutlich ausfallende Überprägung durch den Menschen kritisieren, ist vielen Kartitschern die nasse, sumpfige und mugelige Senke am Sattel seit alters her wenig wert, weswegen auch, ohne zu zögern, die Straße nach Äußerst hier durchgezogen wurde.

Adresse Höhe Kartitscher Sattel, 9941 Kartitsch-Äußerst | ÖPNV Bus 965, Haltestelle Äußerst | Anfahrt B100 Drautalstraße Richtung Sillian, Abzweig B111 Richtung Tiroler Gailtal, Kartitsch, Kartitscher Sattel | Tipp Am Kartitscher Sattel befindet sich eine Wasserscheide, sowohl die Kleine Gail als auch die Große Gail entspringen hier. Erstere fließt Richtung Nordwesten und mündet in die Drau, die Große Gail fließt südöstlich ins Lesachtal.

34 Der Kalkofen

Als im Wald noch der Rauch aufging

Ein wichtiger bäuerlicher Nebenerwerb bestand früher im Kalkbrennen. Voraussetzung dafür waren genügend Vorkommen von Kalkstein und Brennholz. Der Kalkofen war meist ein Turm, aufgemauert aus unbrennbaren Materialien wie Steinen. Die Kalkbrenner füllten ihn so locker mit Kalkstein, dass das Feuer ordentlich durchloderte. Für diesen Prozess benötigten sie Unmengen an Holz. Der Kalkbrenner hauste direkt neben der Anlage, musste doch stets dafür gesorgt sein, dass das Feuer im Ofen nicht ausging. Nach einigen Tagen (es konnten bis zu sieben, acht sein) stellte er das Feuern ein, und der ausgekühlte Kalk wurde ausgeliefert.

Besonders als Baumaterial war Kalkstein sehr begehrt. Für den Beton der früheren Zeit hoben die Arbeiter meist eine Grube aus, befüllten diese mit Wasser, schütteten den Kalkstein hinein und verrührten das Ganze. Dabei stiegen Staub und Dampf auf. Denn der übertrockene Stein saugte das Wasser förmlich an. Durch die Reibung, die in den Kanälen und Ritzen des Steins entstand, erhitzte sich das Wasser.

Bei der industrialisierten Variante des Kalkbrennens waren Kalköfen nicht einmal, sondern laufend in Betrieb, der Kalkbrenner füllte oben abwechselnd Kalk und Holz ein und zog unten den gebrannten Kalkstein heraus. Am Rand einer Wiese kurz vor Lavant wurde einige Zeit nach dem Krieg in größerem Stil Kalk gebrannt. Die Reste der Anlage sind noch zu sehen, allerdings schon fast verwachsen mit dem Umfeld.

Nur noch wenige wissen von deren Existenz. Einer von ihnen ist Anton Kaplenig vom Michelerhof, der sich als junger Bursche hier etwas dazuverdiente. Drei Tage und drei Nächte arbeitete er durch, dann war der Kalk fertig. Zwischendurch rastete er in der kleinen Unterkunft, und irgendwann in der Nacht kam der Besitzer und brachte eine Jause. Die Anlage war nicht lange in Betrieb. Fabrikzement machte dem einfachen Kalkbrennen den Garaus.

Adresse kurz vor Lavant, 9906 Lavant | ÖPNV Bus 940, 941, Haltestelle Lavant Ort | Anfahrt B100 Drautalstraße, Abzweig nach Tristach, weiter auf Lavanter Straße, kurz vor der Ortschaft Schotterweg rechter Hand, zu Fuß über den Murengraben, Anlage südöstlich einer Wiese im Wald | Tipp Weil sie sich im Winter zwischen die Sonne und Lavant stellen, der Ort lange im Schatten liegt, werden die Lienzer Dolomiten gern »die Unholden« genannt. Zum Teil mag es auch an ihren zackigen, spitzen Formen liegen. Sie sind trotzdem ein beliebtes Kletter- und Bergsteigergebiet.

35 Der Osttiroler Spargel

Und ewig gilt: Kirschen rot, Spargel tot

Vor rund 20 Jahren wagte der Osttiroler Bauer Josef Kaplenig ein Experiment. Die Schwemmböden in Lavant müssten sich hervorragend für den Spargelanbau eignen, meinte ein Gast, selbst Spargelbauer. Versuchsweise bestellte Kaplenig also einen kleinen Flecken auf dem Michelerhof mit weißem Spargel. Mittlerweile baut die Familie auf 1,5 Hektar rund 25.000 Spargelpflanzen an. Bei der Behandlung vertraut sie auf Milchsäurebakterien und Hefepilze. »Effektive Mikroorganismen wirken hervorragend, sind rein natürlich, gut für Pflanzen und Boden«, so Elisabeth Kaplenig. Das zarte Gemüse ist – neben Urlaub am Bauernhof – Haupteinnahmequelle. Rund die Hälfte der jährlichen Produktion verkauft die Familie ab Hof, die andere geht an eine Lebensmittelkette, Restaurants und Feinkostgeschäfte. Mittlerweile stellt ein befreundeter Brenner auch Spargelgeist her. Gestochen werden die Stängel je nach Witterung zwischen Mitte April und Mitte Juni. Letzter Erntetag ist aber immer fix am 24. Juni, am Johannestag. Denn: »Kirschen rot, Spargel tot.« Der alte Spruch ist der Familie Gesetz.

Die Frische lässt sich übrigens einfach feststellen: Spargel muss quietschen, wenn man ihn aneinanderreibt. Maximal eine Dreiviertelstunde vergeht beim Michelerhof zwischen Stechen und Weiterverarbeitung. Der Solospargel stellt die höchste Kategorie dar, er ist circa 22 Zentimeter lang und zwischen 1,5 und 2,5 Zentimeter dick. Bis dato haben sich in Osttirol keine Nachahmer gefunden, was vielleicht daran liegt, dass man drei Jahre auf die erste Ernte warten muss. Und die Pflanze stellt Bedingungen: Jeder Trieb kommt nur einmal, Spargel lässt sich auch nicht auf Spargel setzen. Das Feld muss daher ständig erweitert werden. Für die Kaplenigs kein Problem. Angebaut wird ohnehin nur so viel, wie die Familie schaffen kann. Sohn Lukas, längst für die feine Delikatesse entbrannt, ist Chef des Grünspargels.

Adresse Lavant 21, 9906 Lavant | **ÖPNV** Bus 940, 941, Haltestelle Lavant Ort | **Anfahrt** B100 Drautalstraße, Abzweig nach Tristach, weiter auf Lavanter Straße, in Lavant Hinweisschild »Michelerhof« folgen | **Öffnungszeiten** Spargel ab Hof in der Spargelsaison (circa Mitte April – Mitte Juni), Infos unter www.michelerhof.at, Kontakt: info@michelerhof.at | **Tipp** Der 36-Loch-Golfplatz GC Dolomitengolf in Lavant ist der größte Golfplatz Tirols, der 27-Loch-Golfplatz GC Wilder Kaiser in Ellmau der zweitgrößte.

36 Die Wehrtürme

Zeig mir niemals deinen Rücken

Mit dem Lavanter Kirchbichl verhält es sich so: Die Superlative – »heiliger Berg«, um nur einen zu nennen – sind dermaßen zahlreich, dass ihn auszulassen einem Frevel gleichkäme, Unbekanntes von ihm zu erzählen unmöglich ist. Also gilt es, etwas zu nehmen, was – in Erwartung des magischen Ensembles, des geschichtsgetränkten Bodens – unter den Aufmerksamkeitsradar rutschen könnte. In der dritten Kehre der Straße, die den Besucher auf den Hügel führt, stehen beidseits Befestigungsreste des Kirchbichls, die Wehrtürme. Steinpflöcken gleiches Mauerwerk, das den Ort einst uneinnehmbar machte.

Im Fundament messen die Türme sechs mal acht beziehungsweise acht mal acht Meter, und die Wandstärke lässt sich mit zwei Metern als massiv bezeichnen. Doch die Wehranlage ist in ihrer Konzeption noch weit gefinkelter.

»Ihre fortifikatorisch günstige Lage in einer Kehre zwang allfällige Angreifer beim Passieren des Tores zu einer Körperwendung um 180 Grad und damit zur Freigabe ihrer ungeschützten schildfreien Seite« steht diesbezüglich zu lesen. Freigelegt wurden die Befestigungsreste in den 1940er Jahren. Allerdings fanden sich keine zu den beiden Wehrtürmen gehörigen Befestigungsmauern.

Wer durch dieses Tor schreitet, betritt eines der bedeutendsten Kulturdenkmäler Tirols, spaziert am Haus des Burgkommandanten vorbei, an den Resten eines spätantiken Hauses mit Fußbodenheizung, an einer frühchristlichen Bischofskirche, an der Pfarr- und Wallfahrtskirche St. Ulrich, an einer beeindruckenden Kreuzweggruppe, um schließlich bei der 1485 geweihten Kirche zu den heiligen Petrus und Paulus anzukommen. Unterhalb der Apsis fanden sich Reste einer Kapelle, und diese wiederum überbaute den – teilweise noch sichtbaren – Bergfried einer mittelalterlichen Burganlage. Das Ganze war zur Keltenzeit eine Tempelanlage. Der Lavanter Kirchbichl: historischer Boden durch und durch.

Adresse Lavanter Kirchbichl (Höhe Widum, Lavant 4), 9906 Lavant | ÖPNV Bus 940, 941, Haltestelle Lavant Ort | Anfahrt B100 Drautalstraße, Abzweig nach Tristach, weiter auf Lavanter Straße, in Lavant Abzweig Kirchbichl, Parkplatz, kurzer Fußweg | Tipp Wer den Hinweisschildern folgend ein Stück weitergeht, kommt durch einen lauschigen Mischwald zum »Dorfblick«, einer Aussichtsplattform mit tatsächlich tollem Blick auf Lavant.

37 Der Schießstand

Sensenmänner vertreiben die Knaller

Bis Ende der 1970er Jahre lernten die Rekruten am Lienzer Schlossberg, mit dem Gewehr umzugehen. Die Schießübungen erfolgten am dortigen Schießstand, in unmittelbarer Nähe zu bewohntem Gebiet und zu Feldern, auf denen Kühe weideten und Schweine herumsprangen. Die Schüsse waren in der ganzen Stadt zu hören – Woche für Woche. Richtig laut traf es die Gäste des Gasthauses Gribele. Das beliebte Ausflugsziel war stets gut besucht, die Knallerei nicht gern gehört.

Irgendwann wurde es den Besitzern des Gribelehofs, der Familie Nothdurfter, zu viel. Als wieder einmal militärische Schießübungen auf dem Plan standen, fuchtelten die Brüder Albin und Hans mit ihren Sensen demonstrativ vor den Schießscheiben herum. Woraufhin die Truppenübung abgesagt werden musste. Das Militärkommando, ohnehin nur Mieter des Areals, beschloss, sich einen weniger heiklen Platz zu suchen. Die Wahl fiel auf die Lavanter Forchach, ein Waldgebiet weitab vom Siedlungsbereich und von jedem Gasthaus.

1983 bis 1986 errichtete das Militärkommando das Basisgebäude mit Schulschieß- und Schulgefechtsschießanlage, Pistolen- und Maschinengewehranlage, ab 1995 pachtete das Heer den Garnisonsübungsplatz in der Lavanter Au dazu. Die Schießanlage wird heute vom Heer, vom Gebirgsbataillon Spittal (Kärnten), der Polizei und dem Heeressportverein genutzt. Finden militärische Übungen statt, ist der Zugang zum Areal großräumig abgeriegelt und wird auch entsprechend bewacht. »Zu den Schießzeiten (Scharfschieß-Übungen!) ist der Zugang zu den Aussichtsplattformen beim Frauenbachwasserfall gesperrt! Um dringende Einhaltung der Sperrzeiten wird gebeten!«, heißt es auf der Homepage der Gemeinde Lavant. Die jeweiligen Sperrzeiten sind zusätzlich in der »Forcha« ausgehängt. Außerhalb der Sperrzeiten herrscht Ruhe im Wald, und von einem Hügel lässt sich entspannt und gefahrlos die Schießanlage überblicken.

Adresse Lavanter Forchach/Frauenbachwasserfall, 9906 Lavant-Forchach | ÖPNV Bus 940, 941, Haltestelle Lavant Siedlung, längerer Fußmarsch | Anfahrt B100 Drautalstraße Richtung Nikolsdorf, bei Görtschach Abzweig Richtung Lavant, Abzweig Richtung Weiler Wacht, rechts Beschilderung Frauenbachwasserfall folgen | Öffnungszeiten militärisches Gelände nur von außen zu besichtigen; Zugang nur zu bestimmten Zeiten möglich, Infos unter Tel. 050/212212 | Tipp Der spektakuläre Frauenbachwasserfall findet sich wenige Gehminuten entfernt. Ein gut gesicherter Steig (mit Stufen) führt an der Seite hinauf. Trittsicherheit und Schwindelfreiheit sind erforderlich.

38 Die Lienzer Klause

Ins Abseits gedrängt und fast vergessen

Es kennt sie jeder, doch es gibt Tage, da verirrt sich niemand zur Lienzer Klause, die auf einem Hangrücken am östlichen Ende des Pustertals thront. Einst führte die Pustertaler Straße durch die Torbögen, heute zieht der Verkehr im Talgrund vorbei.

1241 erstmals urkundlich erwähnt als »Klause bei Neuenburg«, war die Lienzer Klause das Bollwerk der Bischöfe von Brixen gegen die Grafen von Görz, die ihr Territorium stets zu erweitern suchten. Schließlich gelang es den Görzern 1271, das Pustertal und die Anlage einzunehmen. 1809 rückte ihre strategische Bedeutung nochmals ins Zentrum: Tiroler Schützen gewannen die Schlacht gegen die französischen Truppen (Schlacht an der Lienzer Klause). Ein Denkmal östlich der Klause erinnert daran. Der Bau der neuen Straße in den 1760er Jahren führte die Klause auch verkehrstechnisch ins Abseits.

Das innere Torgebäude, das Pfleghaus, ist der älteste Teil des nach wie vor imposanten Wehrbaus. Es folgten Zubauten im Süden und Norden sowie eine Verbindung durch Sperrmauern mit dem Pulverturm, der etwas versteckt oberhalb im Hang liegt. Um gegen die befürchtete Invasion der Türken gerüstet zu sein, wurde die Klause im Barock nochmals ausgebaut. Die Baumeister Elias und Christoph Gumpp erstellten ein Verteidigungskonzept, das neben der Klause auch Befestigungen in Lienz, Mühlbach, am Iselsberg und in Nikolsdorf vorsah.

Bei einer Besichtigung nicht entgehen lassen sollte man sich den Pulverturm, auch wenn der (kurze) Aufstieg steil ist und etwas Trittsicherheit verlangt. Er war durch eine doppelte Sperrmauer mit der Klause verbunden und von einem Zwinger umfasst. Neben einem Abriss der Historie finden sich dort auch Abbildungen der umfangreichen Restaurierungsmaßnahmen, die die Besitzerfamilie unter Beratung des Bundesdenkmalamts Anfang des 21. Jahrhunderts durchführte. Sie machten aus einer teilweisen Geröllhalde wieder ein begehbares Stück Geschichte.

Adresse Burgfrieden 6, 9900 Leisach-Burgfrieden | **ÖPNV** Bus 962, 961, Haltestelle Abzweig Burgfrieden/Lienzer Klause, kurzer Fußmarsch | **Anfahrt** B100 Drautalstraße Richtung Sillian, nach Leisach Abzweig Burgfrieden | **Tipp** Auf einer kleinen Grünfläche an der Straße westlich der Burganlage befindet sich ein einladend gestalteter »Lieblingsplatz«. Alte Ansichten zeigen die Klause mit Vorliebe von dieser Seite.

39 Der Bildstock

Das Holzdach im Visier eines Kunstfreundes

Wer mit dem Kopf in den Wolken schwebt, läuft gern vorbei. Denn die Tafel, die auf den ältesten erhaltenen bemalten Bildstock Tirols hinweist, verschwindet sommers fast unter üppigem Grün, der Zugang durch die Hecke in den Garten, in dem er steht, ist schmal. Er befindet sich auf Privatgrund, und der Besitzer ist verständlicherweise nicht erbaut, wenn ständig Leute um den Bildstock schweifen, um dann auch gleich noch das ehemalige Siechenhaus zu betrachten, zu dem der grüne Fleck und somit der Bildstock gehört.

Der Bildstock stammt aus dem späten 14. Jahrhundert und besteht aus einem Rundpfeiler mit Nischenaufsatz. Die vier Teile sind durch marmorierte Stege getrennt. Er zeigt die Anbetung durch die Heiligen Drei Könige, den heiligen Christophorus, die heiligen Katharina und Dorothea, den heiligen Johannes und einen heiligen Bischof sowie die Kreuzigung Jesu.

Geschützt wird der Bildstock durch ein pyramidenförmiges Schindeldach. Wind und Wetter haben dem unteren Teil der Malereien trotzdem zugesetzt. Erstmals erwähnt wurde er 1390 als »gemauertes Kreuz« – die Bemalungen dürften um die Wende vom 14. auf das 15. Jahrhundert dazugekommen sein. Das unmittelbar anschließende, 1334 erstmals urkundlich erfasste zweistöckige Gebäude stand einst abseits der Stadt und bot unheilbar Kranken Obdach. Die Sonnenuhr mit halbkreisförmigem Ziffernband stammt aus dem 17. Jahrhundert. Das Wandgemälde auf der Südseite zeigt die Auferweckung des heiligen Lazarus.

Über den künstlerischen Wert dieses Bildes stand am 1. Oktober 1904 in der Lienzer Zeitung wenig Erbauliches zu lesen. Dem Bildstöckl aber wünschte der Autor August Forcher eine fachgerechte Restaurierung – und ein anderes Dach: »Bei dieser Gelegenheit sollte auch das Holzdach beseitigt werden, das zum Stöckl geradeso passt wie das Blechdach auf den ›Burgfried‹ des Schlosses Bruck.« Sein Wunsch erfüllte sich nicht.

Adresse Kärntner Straße 39, 9900 Lienz | **ÖPNV** Bus 954, 961, 962, Haltestelle Fanny-Wibmer-Pedit-Straße; Regio Lienz 1, 3, Haltestelle Spitalsbrücke/Goldener Fisch | **Anfahrt** B100 Drautalstraße, Lienz, Abzweig Vinzenz-Goller-Straße (ÖMV-Tankstelle), links Abzweig Kärntner Straße | **Öffnungszeiten** Grundstück in Privatbesitz, kleiner offener Zugang | **Tipp** Der wenige Schritte weiter in der Kärntner Straße zu findende Trödlmair ist eine Institution in Lienz. Der leidenschaftliche Sammler Andreas Neumair machte sein Hobby zum Beruf und eröffnete einen Trödelladen – Überfülle mit echten Gustostückerln.

40 Der Burggraf

Er saß auf keinem Steine, hob allerdings einen

Der Codex Manesse (Manessische Liederhandschrift) ist die bekannteste deutsche Liederhandschrift des Mittelalters und die umfangreichste. Sie besteht aus 426 auf beiden Seiten beschriebenen Blättern, ist nach der Sammlerfamilie Manesse in Zürich benannt, wurde um 1300 angelegt und bis circa 1340 erweitert. Alle Genres der Lieddichtung der damaligen Zeit sind enthalten – von Minnesang über geistliche bis weltliche Lieder in mittelhochdeutscher Sprache. Insgesamt vereint der Codex Manesse 140 Dichtersammlungen.

Als herausragend gelten die aufwendigen Buchmalereien. Die Handschrift enthält 138 Autorenbilder, welche die Dichter, in stilisierter Form, bei ihrer höfischen Aktivität zeigen. Zudem greifen sie Themen aus den Werken der Poeten auf. So findet sich im Codex Manesse der berühmt gewordene Satz »I saz ûf eime steine und dahte bein mit beine« von Walther von der Vogelweide bildlich umgesetzt: Der Minnesänger sitzt mit angewinkelten Beinen auf einem Stein und sinniert.

Ein weiterer Dichter, der Eingang in diese Sammlung fand, war der Burggraf von Lienz. Er lebte im 13. Jahrhundert und stammte aus dem Ministerialgeschlecht der Burggrafen von »Lüenz« (Lienz). Viel mehr geben die Quellen nicht her. Der Minnesänger ist auf dem Originalblatt, das zwischen 1305 und 1340 entstanden sein dürfte, mit zwei weiteren Herren bei einer sportlichen Aktivität abgebildet. Ob sie sich im Steinstoßen oder Ballspielen messen, da zeigt sich die Forschung nicht einig. Jedenfalls brauchte es sichtlich Schwung, um das eiförmige Objekt zu werfen. In der Messinggasse (Haus Nummer 6) in Lienz findet sich eine Kopie der feinen Miniaturzeichnung. Zwei Tagelieder und eine Kreuzfahrerstrophe umfasst der literarische Beitrag des Burggrafen von Lienz im Codex Manesse. Ihre Entstehungszeit wird mit »vor 1230« angegeben. Es handelt sich um die einzigen überlieferten Werke des Lienzers.

Adresse Messinggasse 6, 9900 Lienz | ÖPNV Bus 940, 941, 942, 951, 954, 961, 962, Haltestelle Bahnhof-Vorplatz; Bahn, Haltestelle Lienz Bahnhof; Regio Lienz 3, Haltestelle Mühlgasse | Anfahrt B100 Drautalstraße, Parkplätze südlich der Altstadt, wenige Gehminuten | Tipp In der ehemaligen Metzgerei Passler in der Kreuzgasse haben die neuen Besitzer des Gebäudes eine kleine, nur von außen zu besichtigende Schaumetzgerei eingerichtet – mit alten Handwerksgeräten, Schildern, Wagen, Preislisten und ziemlich naturalistischen Tierkörpern aus Plastik.

41 Der Campus Technik Lienz

Von der Architektur zur Bildung – oder umgekehrt

Es regnet Preise, natürlich regnet es Preise. Wer am Campus Technik Lienz vorbeigeht, wäre erstaunt, wenn nicht. Denn was die Architekten aus dem schmalen, langen Grundstück auf der orografisch linken Seite der Isel herausgeholt haben, ist bemerkenswert. Zumal das Grundstück auch noch von einem stark frequentierten Spazierweg Richtung Schloss Bruck und dieser von einer Baumreihe flankiert wird. Der Coup von fasch&fuchs.architekten bestand darin, das Gebäude, das die Hochschule für Mechatronik und eine Erweiterung der Höheren Technischen Lehranstalt (HTL) beherbergt, Richtung Isel aufzuständern. Sie entwickelten damit einen luftigen, eleganten Baukörper, der die Spaziergänger begleitet, für Studierende und Schüler einen offenen Zugang und einen dezent abgegrenzten Raum schafft. »Der neue Campus wurde für diesen speziellen Ort maßgeschneidert, verbindet die Schule ganz selbstverständlich mit dem Naturraum und erzeugt großzügige, fein gegliederte wie stimmungsvolle Räume«, heißt es im Jurytext für die Auszeichnungen des Landes Tirol für Neues Bauen 2018.

Der nicht minder wichtige Coup betrifft den Bildungsbereich. Mit dem Campus Technik Lienz gelang es, die Fachberufsschule für Metallverarbeitung und die Private Höhere Technische Lehranstalt mit Räumen für die universitäre Mechatronik-Ausbildung samt Forschungsbereich zu verbinden. Nach Landeck erhielt damit auch Lienz einen Universitätsstandort. Bereits 2009 hatten die Universität Innsbruck und die Private Universität für Gesundheitswissenschaften, medizinische Informatik und Technik (UMIT) in Hall ein Mechatronik-Studium eingerichtet. 2016 fiel die Entscheidung, einen Standort in Lienz zu eröffnen, zwei Jahre später war es so weit. Insgesamt rund 750 Schüler und Studierende machen am Areal ihre Ausbildung. Eine Zukunftsperspektive für den Bezirk Lienz, der so viele junge Leute an die Universitätsstädte verliert.

Adresse Linker Iselweg 21, 9900 Lienz | ÖPNV Bus 941, 954, 961, 962, Regio Lienz 2, Haltestelle Klösterle | Anfahrt B100 Drautalstraße, Lienz, Abzweig Adolf-Purtscher-Straße, Schlossgasse rechts, über die Isel, linker Hand | Öffnungszeiten nur von außen zu besichtigen | Tipp Hinter dem vis-à-vis gelegenen Store Bobs Fashion steht die Modedesignerin und Schneiderin Barbara Schusteritsch. Seit 2009 kreiert sie Lifestyle-Mode in der Sonnenstadt.

42 Die Christoph-Zanon-Straße

Der Poet, der keine Straße wollte

Er könne nur hoffen, dass niemals eine Gasse seinen Namen erhalte, schrieb der Osttiroler Schriftsteller Christoph Zanon (1951–1997) in seinem Buch »Schattenkampf. Texte von der Heimat« (Haymon Verlag). Es wurde keine Gasse, sondern eine Straße, am südöstlichen Ende von Lienz – am Rand sozusagen. Wenn auch nicht an dem Rand, den er thematisierte: die kleinen und großen Abgründe im Inneren wie im Äußern, die Schattenseiten des Lebens, die dunklen Zonen der Stadt, die vom Leben Gebeutelten.

Von Leisach aus, wo er lebte, unternahm Zanon immer wieder nächtliche Touren durch Lienz. Eine solche Wanderung findet sich wunderbar atmosphärisch beschrieben in »Retour«. Die Stationen in der Stadt zu suchen lässt einen Lienz noch einmal anders entdecken. Naturgemäß tun sich Ortsfremde schwer damit, sie alle zu identifizieren, zumal einige der Geschäfte, die er erwähnt, und einige der Lokale, in denen er einkehrte, so nicht mehr existieren. Ein paar aber lassen sich ausmachen.

Das Dolomitenhotel zum Beispiel, das Zanon als ein ins »Hypertrophe aufgeschossenes Tirolerhaus« bezeichnet. Dort quert er die Durchzugsstraße, der er großstädtischen Charakter attestiert. Den Klang seiner Sprache im Kopf, geht es durch die Rosengasse, die Schweizergasse und die Muchargasse zum Hauptplatz. Die Details, die der Schriftsteller einfängt, die Atmosphären, die er aufsaugt, die Menschen, die er beschreibt, sie hallen nach. Es ist ein Lienz, wie es sich nicht auf den ersten Blick zeigt und das kennenzulernen sich gerade deshalb lohnt.

»Das Gebirge ist gut, sage ich zu mir. Aber eine Stadt im Gebirge ist nicht gut, erst recht nicht eine Kleinstadt.« Die Kleinstadt hat 2004 eine Straße nach ihm benannt. Deren Randsituation hätte Christoph Zanon vielleicht interessiert. Vielleicht aber auch nicht.

Adresse 9900 Lienz | **ÖPNV** Regio Lienz 1, Haltestelle Reimmichlstraße/Plössnig | **Anfahrt** B100 Drautalstraße, Lienz, Abzweig Amlacher Straße, nach der Straßenbiegung links Abzweig (Richtung Camping Falken) | **Tipp** Die von zwei mächtigen, sich kreuzenden Bögen überspannte und mit Querstreben verbundene neue Brücke über die Drau ist ein »Eyecatcher«. Sie wiegt rund 160 Tonnen, ist 32 Meter lang und an der höchsten Stelle 9,3 Meter hoch.

43_Das Depot

Vom Verschmelzen der Kunst mit dem Raum

Es gibt Provisorien, die haben die Eigenschaft zu bleiben. Es war nach einer großen Ausstellung 2013 in Lienz, dass der Künstler Gregor Pokorny auf der Suche nach einem Depot für seine Kunstwerke war und der Grafiker Karl Dapra ihm anbot, sie bei ihm unterzubringen. Die beiden kennen sich schon lange, und Dapra schätzt die Arbeiten Pokornys sehr. Auf dem Kunstmarkt nehme der Bildhauer eine Außenseiterrolle ein, völlig zu Unrecht, betont Dapra.

Gregor Pokorny, geboren 1959 in Lienz, gelernter Restaurator, schafft große Skulpturen mit Humor und Tiefsinn. Es geht ihm stets um existenzielle Fragen – um Leben, Tod und Vergänglichkeit. In Osttirol sorgte er mit seinen »blasphemischen Figuren« Ende der 1980er und Anfang der 1990er Jahre für Aufregung. Der Künstler lebte lange im Burgenland, heute hat er sein Atelier in Wien.

Die bei ihm deponierten Skulpturen seien eingerastet, sagt Dapra. Und tatsächlich nimmt man beim Öffnen des Tores ins Lager als Erstes eine Symbiose wahr, einen Einklang von Raum und Kunst. Und das, obwohl es sich um ehemalige Pferdestallungen handelt: feingliedrige Stahlstützen unter gewölbter Decke, unverwüstlicher holzgepflasterter Boden. Das Auge beginnt zu sortieren.

Wie zusammengewürfelt stehen Werkgruppen da, lehnen an der groben Mauer, hängen an der Wand, große, archaisch anmutende Figuren neben abstrakten Körpern, links eine Kreuzigungsgruppe mit überdimensionierten Extremitäten, Jesus am Kreuz mit scharf sich abzeichnenden Rippen, davor ein Holzstamm mit einem alten Holztrog zu einer Skulptur vereint, Steinobjekte wie auf provisorischen Altären präsentiert. Dahinter hängt altes Werkzeug. Feuerlöscher und Holzstapel, Gießkannen und Blumentöpfe, sie stören den Eindruck nicht, stehen wie selbstverständlich zwischen und hinter den Kunstwerken. So wie die Kunstwerke ganz selbstverständlich dieses besetzen, es verwandeln und einen faszinierenden Kunstraum schaffen.

Adresse Beda-Weber-Gasse 28, 9900 Lienz | **ÖPNV** Bus 941, 954, 961, 962, Regio Lienz 3, Haltestelle Michaelsplatz | **Anfahrt** B100 Drautalstraße, Lienz, Abzweig Adolf-Purtscher-Straße, Schlossgasse rechts, über die Isel, Pfarrgasse, weiter Beda-Weber-Gasse | **Öffnungszeiten** Besichtigung nur auf Anfrage, Kontakt: k.dapra@grafik-dapra.at | **Tipp** In der Michaelskirche befindet sich die Grabstätte des Geschlechts der von Graben. Vigil von Graben war einer der bedeutendsten und einflussreichsten Adeligen in der Grafschaft Görz.

44 Die Franz-Joseph-Kaserne

Zwischen Schülern und Rekruten eine dünne Wand

Das Erste, worauf Vizeleutnant Paul Nußbaumer und Gottfried Kalser hinweisen, ist eine Lücke. Östlich der Kaserne fanden sich einst Stallungen. Die 32 Haflinger waren der Stolz der Kompanie, bis die Tragtierstaffel nach Hochfilzen verlegt wurde. Das Gebäude wurde abgerissen. Das Hauptgebäude aber steht da wie ehedem, zumindest außen, das Interieur wurde längst ausgetauscht. Im Büro hängt eine Zeichnung des namengebenden Kaisers an der Wand (ein Geschenk des Bürgermeisters von Belluno), und die Bar heißt Kaiserstüberl.

Wie andere Gemeinden war Lienz verpflichtet, den kaiserlichen Truppen Unterkünfte zur Verfügung zu stellen. Zwischen 1908 und 1912 errichtete die Stadt eine k. k. Normalkaserne, 1913 kam eine Reitschule dazu. Neben Hauptgebäude und Stallungen gab es ein Unteroffiziers- (heute vermietet) und ein Offiziersgebäude (heute privat).

Vom Vielvölkerstaat über die Erste Republik und die NS-Zeit bis zur Zweiten Republik erfüllte die Franz-Joseph-Kaserne viele Funktionen. Im Norden der Anlage errichtete die Wehrmacht ein Gefangenenlager, mit dem »ersten Fluchttunnel der Ostmark« (er war schon 15 Meter lang, als er entdeckt wurde). Von hier starteten kurz nach Kriegsende die Scottish Highlanders, um die Kosaken festzusetzen und den Sowjets zu übergeben. In der Zwischenkriegszeit war in der Kaserne kurzzeitig die Landwirtschaftsschule untergebracht, nach dem Zweiten Weltkrieg unter anderem das Gymnasium, die Haupt- und die Berufsschule. Die Gänge zwischen Kasernenbereich und Schule wurden einfach abgeplankt. Seit 1995 wird der Komplex wieder ausschließlich militärisch genutzt. Die Begehrlichkeiten auf das großzügige Areal sind seit Jahren groß, das Hauptgebäude ist allerdings denkmalgeschützt. Die Lienzer Franz-Joseph-Kaserne ist nicht die einzige in der Region, die Franz-Joseph-Kaserne im Südtiroler Innichen heißt heute Caserma Cantore.

Adresse Kärntner Straße 31, 9900 Lienz | **ÖPNV** Bus 941, 954, 961, 962, Haltestelle Gymnasium | **Anfahrt** B100 Drautalstraße, Lienz, Abzweig Vinzenz-Goller-Straße (ÖMV-Tankstelle), links Abzweig Kärntner Straße | **Öffnungszeiten** Besichtigungen auf Anfrage möglich, Kontakt: Tel. 50201/6824/200 | **Tipp** In der Nußdorfer Straße befand sich früher die Viehversteigerungshalle. Mit dem neuen Agrarzentrum der Raffeisengenossenschaft an der Drautalstraße verlor sie ihre Funktion. Ein Teil der Anlage wurde bereits abgerissen, das Areal gilt als wichtiges Stadtentwicklungsgebiet.

45 Die Hypo Tirol Bank

Die besten Sachen wurden nie gebaut, sagt er

»Architektur muss nicht gebaut werden. Sie kann geschrieben, sie kann gemalt oder in anderer Form präsentiert werden.« Konsequent und kompromisslos folgte Raimund Abraham, 1933 in Lienz geboren und 2010 in Los Angeles tödlich verunglückt, seinem Credo. Seine kühne Ansicht, eine Zeichnung sei genauso viel Architektur wie ein Gebäude, kristallisierte sich schon während des Studiums an der Technischen Universität Graz heraus. 1964 übersiedelte Abraham in die USA, wenige Jahre später gründete er sein eigenes Architektur- und Designstudio und begann an der angesehenen Cooper Union in New York zu unterrichten.

Architektur als Idee, die zu Papier gebracht wird – kein Wunder, dass die Liste seiner Ausstellungen weit länger ist als jene des nach seinen Plänen Gebauten. Sie reicht vom Museum of Modern Art in New York bis zur Biennale in Venedig. Nur eine Handvoll Projekte hat Abraham umgesetzt. Als das spektakulärste gilt das Österreichische Kulturforum in New York. Seine skulpturale Wirkung verbindet es mit der Hypo Tirol Bank in Lienz, geschaffen zwischen 1993 und 1996 nach Abrahams Plänen. Auch hier galt es, einen schmalen Platz zu nutzen. Vorder- und Rückseite des Bauwerks sind wie zweieiige Zwillinge – miteinander verbunden und doch verschieden. Die glatte weiße Fassade am Hauptplatz wirkt wie ein Schild. Der vertikale Schlitz, der sich durchzieht, lockert die Struktur etwas auf. Den Abschluss bildet eine Glashaut, die Licht ins Innere fallen lässt, darüber die Dachschräge. Anders der Eindruck auf der Rückseite. Sofort ins Auge sticht der auskragende dunkle Baukörper. Das Dreieck schwebt gleichsam über der hellen Fassade. Auch hier ist die Lichtführung bemerkenswert, die im Inneren voll zur Geltung kommt. »Meine besten Sachen wurden nie gebaut.« Diese Aussage Raimund Abrahams kann so nicht bestätigt werden. Seiner Heimatstadt hat er ein kleines Meisterwerk geschenkt.

Adresse Hauptplatz 4, 9900 Lienz | ÖPNV Bus 940, 941, 942, 951, 954, 961, 962, Haltestelle Bahnhof-Vorplatz; Bahn, Haltestelle Lienz Bahnhof; Regio Lienz 1, 3, Haltestelle Spitalskirche/Zentrum | Anfahrt B100 Drautalstraße, Lienz, Parkplätze südlich der Altstadt, wenige Gehminuten | Tipp Das Genusswerk (Südtiroler Platz 7) ist eine Mischung aus Patisserie und Bistro. Wer auf Süßes steht und außergewöhnliche Kreationen schätzt, kommt an diesem Lokal nicht vorbei.

46 Das Jesse-Thoor-Grab

In Lienz verstorben und vergessen

Sein Werk ließ sich in einem Band, auf 400 Seiten, bündeln, und doch fand Michael Lentz nur begeisterte Worte. Jesse Thoor sei ein großer Solist unter den Dichtern, seine Poesie einzigartig, schrieb der deutsche Literaturwissenschaftler. Als Thoors Sonette und Reden, seine Lieder, Erzählungen und Briefe 2013 als Neuedition im Wallstein Verlag erschienen, war der Autor längst vergessen.

Geboren am 23. Jänner 1905 als Peter Karl Höfler in Berlin, trieb es den jungen Mann in die Ferne. Er reiste durch Bayern, Österreich und Südtirol, kam nach Mailand und Budapest. Er heuerte auf einem Frachtschiff an, lebte eine Zeit lang in Rotterdam, kehrte nach Berlin zurück. Als bekennender Kommunist musste er vor den Nazis fliehen und hielt sich einige Jahre in Wien auf, wo er sich als Gelegenheitsarbeiter durchschlug. Mitte der 1930er Jahre fanden erste literarische Werke den Weg in die Öffentlichkeit. Der Einmarsch der Nazis in Österreich zwang Höfler erneut zur Flucht. In Brünn legte er sich das Pseudonym Jesse Thoor zu. Im alttestamentarischen Buch Jesaja ist Jesse die Wurzel, aus welcher der Messias wächst.

Thor wiederum ist der nordische Gott des Donners. Der neue Name unterstrich seine Hinwendung zu mystischen und spirituellen Themen. 1938 ging Thoor ins Exil nach Großbritannien, wo er sich zusehends isolierte. Seinen Lebensunterhalt verdiente er sich mit Handwerksarbeiten. Bei einer Reise in die Schweiz erkrankte der Dichter an einer Herzthrombose. Mit der Auflage, sich zu schonen, wurde er entlassen. Thoor fuhr nach Matrei in Osttirol, wohin ihn ein befreundetes Ehepaar eingeladen hatte. Nach einer Wanderung brach er zusammen. Wenige Tage später, am 15. August 1952, starb Jesse Thoor im Krankenhaus Lienz. Er wurde auf dem Friedhof beigesetzt. Auf dem Grabstein (rechte Seite, fünfte Reihe, fünftes Grab) steht: »und klar seh ich wie nie zuvor die Liebe höret nimmer auf.«

Adresse Neuer Friedhof, 9900 Lienz | **ÖPNV** Bus 954, Regio Lienz 2, 3, Haltestelle Pfarrkirche | **Anfahrt** B100 Drautalstraße, Lienz, Abzweig Adolf-Purtscher-Straße, Schlossgasse rechts, über die Isel, Pfarrgasse, Abzweig Patriasdorfer Straße, links Abzweig Friedhof, Neuer Friedhof | **Tipp** Auf dem Soldatenfriedhof findet sich das Grabmal von Michael Dzula, einem ukrainischen Zwangsarbeiter, der 1942 von der Gestapo gehängt wurde. Nach dem Krieg erhielt er ein Grab auf dem Soldatenfriedhof.

47 Der Kater Stiefele

Denkmal für einen stadtbekannten Streuner

Er hatte ein warmes Zuhause, doch das Streunen lag ihm im Blut. Also war er häufig auf der Straße anzutreffen. Er spazierte durch sein Revier, den Rindermarkt, schaute über die Grenzen. Er stromerte Richtung Johannesplatz und steuerte das Krankenhaus an. Von Artgenossen und anderen pelzigen Vierbeinern zeigte er sich wenig beeindruckt. Geschickt wich er allen Verkehrsmitteln aus. Kater Stiefele, der graue Tiger mit weißen Pfötchen, »Stiefelen«, war eine Berühmtheit in seinem Viertel und darüber hinaus.

Wenn Stiefele über den Michaelsplatz zum Volkshaus flanierte, konnte er sicher sein, dass ein Schälchen Milch oder eine andere Delikatesse bereitstand. Sein »Fiatara« Hans Gasser sorgte dafür, dass der Streuner eine Jause bekam. Und natürlich fiel es auf, als der alte, aber rüstige Kater mehrere Tage seine übliche Route nicht absolvierte.

War es zunächst eine Verletzung am Auge gewesen, die den »König vom Michaelsplatzl« außer Gefecht gesetzt und eine längere stationäre medizinische Behandlung notwendig gemacht hatte, sorgte kurze Zeit später eine Wunde am Schwanz für Aufregung bei den Katzenfreunden, die sich stets auf den Besuch des betagten Katers freuten. Sogar die Tiroler Tageszeitung nahm sich der Sache an und widmete dem »gestiefelten Kater« eine lange Reportage. Wo sich der 18-Jährige seine Verletzung geholt hatte, ließ sich nicht sagen, die Folgen allerdings waren dramatisch. Der Schwanz musste amputiert werden. Mit sichtlichen Auswirkungen. Schritt das Stiefele nach einem Arztbesuch normalerweise auf seinen vier Pfoten durch die Tür, trug ihn die Besitzerfamilie dieses Mal nach Hause.

Als Stiefele seine Augen für immer schloss, war die Trauer groß. »Du fahlsch uns«, steht auf der Tafel, die an der Mauer des Volkshauses hängt und an das »echte Lienzer Original vom Rindermarkt« erinnert, das den Menschen Freund, Tröster und Begleiter war.

Adresse Beda-Weber-Gasse 20, 9900 Lienz | **ÖPNV** Bus 941, 954, 961, 962, 999, Regio Lienz 3, Haltestelle Michaelsplatz | **Anfahrt** B100 Drautalstraße, Lienz Abzweig Adolf-Purtscher-Straße, Schlossgasse rechts, über die Isel, Pfarrgasse, weiter Beda-Weber-Gasse | **Tipp** In der Beda-Weber-Gasse 6a betreibt pro mente tirol eine kleine Werkstatt mit Verkaufsbereich. Es gibt Kunst- und Gebrauchsgegenstände unter anderem aus Holz, Stoff und Ton – alles Unikate.

48 Die Keramikmanufaktur

Madame Fanny hat alles im Blick

Qualität, Form, Funktion – das sind die drei Maximen von Johanna Wibmer. Ihren ursprünglichen Wunsch, Köchin zu werden, gab sie zugunsten der Keramik auf. Nach einer Ausbildung im Burgenland, bei der sie kaum die Basis des Umgangs mit Ton lernte, brachte Johanna sich im Laufe der Jahre ein umfassendes Wissen über die Eigenschaften des Materials, seine Eigenheiten bei und spezialisierte sich auf hochwertige Gebrauchskeramik. Edles für den Tisch – eine Reminiszenz auch an ihre Kochleidenschaft.

Nachdem sie einige Jahre einen Stand auf dem Wochen- und dem Weihnachtsmarkt betrieben hatte, eröffnete sie am 1. April 2000 ihr eigenes Geschäft, die Keramikmanufaktur Donnerton. 2010 wechselte Wibmer von der Kreuzgasse in die Schweizergasse, mit kleinem Verkaufsraum, Werkstätte und Zugang zum Garten im Innenhof. Wibmers Keramiken sind unverkennbar, in Design und Ausführung. So etwa ihre »Quetschbecher« – wunderbar handliche Kaffeeschalen, Espressotassen und Wasserbecher –, in die sie mit den Fingern deren Position drückt. Angenehm anzugreifen und rutschsicher, auch ohne Henkel. Neben den Grundglasuren kommen immer wieder neue Designs dazu, wie die Motive Bergnacht und Bergtag mit stilisierter Landschaft und Sonne oder Mond am Himmel. So können Stammkunden ihr Geschirr kontinuierlich erweitern und Neukunden aus einer Fülle von Ausführungen wählen. Wibmers Ansporn ist ihre absolute Liebe zur Arbeit. »Ich bin sehr glücklich mit dem, was ich tue. Jedes Stück kann ein Lieblingsstück sein«, sagt die Keramikerin.

Die Keramiken, die dekorativ einladend in der Auslage und im Laden stehen, lassen Passanten innehalten und eintreten. Als Erstes treffen sie dann auf Yorkshire-Terrier-Dame Fanny, die zwischen dem Geschäft und der angrenzenden Werkstatt hin- und herwuselt. Sie holt sich Streicheleinheiten und wacht streng darüber, dass kein fremder Hund ihr Revier betritt.

Adresse Schweizergasse 8, 9900 Lienz | **ÖPNV** Bus 941, 954, 961, 962, Haltestelle Schlossgasse Ost; Regio Lienz 2, Haltestelle Klösterle | **Anfahrt** B100 Drautalstraße, Abzweig Adolf-Purtscher-Straße, Schlossgasse, Abzweig Schweizergasse | **Öffnungszeiten** Mo–Fr 9–12 und 14–18 Uhr, Sa 9–12 Uhr, Infos unter www.facebook.com/donnerton | **Tipp** Seit 1772 dreht sich bei Leder Wimmer alles um das wertvolle Naturmaterial. In der Säcklerei im ersten Stock entstehen unverwüstliche »Sämischlederne« nach Maß.

49 Die Liebburg

Die ersten Frauen an der Macht

Schloss Liebburg, Anfang des 17. Jahrhunderts von den Brüdern Sigmund und Christoph von Wolkenstein-Rodenegg errichtet, ging 1980 in den Besitz der Stadt Lienz über. Diese ließ die Hülle stehen und entkernte das Innere fast zur Gänze. Seit 1988 beherbergt die Liebburg das Rathaus. Sie ist das politische Zentrum der Stadt und des Bezirks. Und hier wurde Frauengeschichte geschrieben.

Mit Helga Machné, geboren 1938 in Lienz, stellten die Lienzer 1994 die erste Bürgermeisterin Tirols. Gleichzeitig war sie die erste Bürgermeisterin einer österreichischen Bezirkshauptstadt. Was nach einem fortschrittlichen Zugang klingt, war für die ÖVP-Politikerin in der Praxis ein harter Kampf. Bei der Wahl verließen neun der 21 Gemeinderäte demonstrativ den Saal. Nicht nur am Stammtisch stellten einige unverblümt die Frage, ob denn wirklich kein Mann zu finden gewesen sei, und sprachen ihr jegliche Kompetenz ab. Viele glaubten, sie würde sich eh nicht lange in der Funktion halten. Bei der Wahl vier Jahre später fuhr Helga Machné die Mehrheit im Gemeinderat ein. 2003 trat sie als Bürgermeisterin zurück, weil ihr die Doppelbelastung – seit 2002 war sie auch Abgeordnete im Nationalrat – zu viel wurde.

Ihr Nachfolger, Johannes Hibler, verlor in der Stichwahl 2011 gegen die SPÖ-Politikerin Elisabeth Blanik, seit 2003 Abgeordnete im Tiroler Landtag und seit 2004 Vizebürgermeisterin der Stadt Lienz. 2016 wurde Blanik mit 92,8 Prozent der Stimmen zur Vorsitzenden der Tiroler SPÖ gewählt. Sie war damit die erste Frau in dieser Position in der Tiroler SPÖ. Zwei Jahre später gab sie diese Funktion wieder ab. Seither konzentriert sie sich auf das Bürgermeisteramt in Lienz.

Die Landeshauptstadt Innsbruck erhielt mit Hilde Zach 2002 erstmals eine Bürgermeisterin. Aktuell sind in Tirol rund sechs Prozent der Bürgermeistersessel von Frauen besetzt, österreichweit keine acht Prozent.

Adresse Hauptplatz 7, 9900 Lienz | **ÖPNV** Bus 940, 941, 942, 951, 954, 961, 962, Haltestelle Bahnhof-Vorplatz; Bahn, Haltestelle Lienz Bahnhof; Regio Lienz 1, 3, Haltestelle Spitalskirche/Zentrum | **Anfahrt** B100 Drautalstraße, Lienz, Parkplätze südlich der Altstadt, wenige Schritte zum Rathaus | **Öffnungszeiten** von außen zu besichtigen | **Tipp** Nach einem Relaunch und unter dem Namen S'Eck startete das traditionsreiche Altstadthotel Eck am Hauptplatz neu durch. Allein das Angebot für die erste Mahlzeit des Tages, das Frühstück, ist einen Besuch wert.

50 Das Mocafe

Kaum zu glauben, kaum zu fassen

Das schmucke Häuschen mit Holzveranda und kleinem Garten samt Rosensträuchern, Holunder- und Fliederbusch direkt an der Isel – es lässt sofort an Auszeit, Ruhe und Entspannung denken. Wer das Mocafe in der Kärntner Straße betritt, dem steigt zudem der Duft feinsten Kaffees in die Nase, dem springen fluffige Torten auf den Teller, und den locken kleine, separeegleiche Nischen. Wie weiland betuchte Bürger lässt man sich auf edlen Polstergarnituren nieder und genießt einen Kleinen Braunen, vielleicht einen Latte macchiato mit Schuss oder einen Café Marocchino und dazu etwa die Haustorte, natürlich selbst gemacht, ein Traum aus Biskuit, Sauerrahmcreme, Baiser und gerösteten Mandelplättchen. Sommers treibt es einen hinaus in den Garten, der, einer Laube gleich, mit Shabby-Stil-Möbeln anheimelt. Die Isel gleitet vorbei und spendet eine kühlende Brise. Der Gaumen wählt dann eher einen frisch gepressten Apfel-Karotten-Saft, einen spritzigen Aperitif oder einen Eiskaffee.

Alles von hervorragender Qualität, wobei der Kaffee natürlich im Zentrum steht. Denn dieser wird in der eigenen Rösterei, der einzigen Osttirols, geröstet. Sie befindet sich am Gaimberg und ist wie das Café im Besitz von Andreas Moser, womit auch gleich der Name des Cafés geklärt ist. Seit den 1980er Jahren befasst sich Moser mit dem Thema Kaffee, arbeitete zunächst bei der Kaffeerösterei Praxmarer, vor 15 Jahren machte er sich selbstständig. Vor acht Jahren kaufte er das Häuschen in der Kärntner Straße und richtete es her. Ein Glücksfall in zweifacher Hinsicht. Denn in diesem Gebäude befand sich früher die Rösterei von Emil Glanzl, der ihm auch einige seiner Rezepturen verraten hat.

Ein Foto des ehemaligen Besitzers hängt im Stübchen vis-à-vis der Theke und des Shops. Und an der Mauer im Durchgang steht Glanzls Leitspruch: »Kaum zu glauben, kaum zu fassen, 20 Bohnen, 30 Tassen.«

Adresse Kärntner Straße 10, 9900 Lienz | **ÖPNV** Regio Lienz 1, 3, Haltestelle Spitalsbrücke/GH Goldener Fisch; vom Bahnhof aus keine zehn Minuten Fußweg | **Anfahrt** B100 Drautalstraße, Lienz, Richtung Bozner Platz, weiter Am Markt, rechts über die Spitalsbrücke, Kärntner Straße in der Kehre | **Öffnungszeiten** Mo–Fr 9–18 Uhr, Sa, So und Feiertage geschlossen; Infos unter www.mocafe.at | **Tipp** In vielen Parkanlagen – etwa am Linken Iselweg – findet sich die Lienz Rose, ein öfter blühender, bodendeckender Strauch mit lachsrosafarbenen Blüten, gezüchtet anlässlich der Entente Florale Europe 2006. Eine fünfblättrige Rose ziert das Wappen von Lienz.

51 Der Rittersaal

Aufs Peinlichste befragt und ausgelöscht

Der Rittersaal im zweiten Obergeschoß des Palas von Schloss Bruck ist ein stattlicher Raum, die durchgängige Balkendecke gediegen, etwas drückend. Hier fand vom Jänner 1679 bis zum September 1680 ein Hexenprozess statt, in dessen Folge fast eine ganze Familie ausgelöscht wurde. Er ist einer der am besten dokumentierten Hexenprozesse in Tirol und mit über 50 Verhören ein absoluter Sonderfall, wie der Historiker Hansjörg Rabanser festhält.

Angeklagt waren Magdalena Pichler, deren etwa 47-jährige Tochter Emerentia, die ein unstetes Leben führte, und ihre vier Kinder. Beide waren kräuterkundige Frauen, hatten als Heilerinnen Menschen und Tieren geholfen. Als im Zuge eines Verhörs Emerentia Pichlers Name fiel, geriet die Familie ins Visier der Behörden und wurde auf Schloss Bruck gebracht.

Die Mutter starb schon nach kurzer Kerkerhaft, Emerentia wurde unter Folter zigmal zu den ihr angelasteten Verbrechen Teufelspakt und Teufelsbuhlschaft sowie böser Hexenzauber »befragt«. Die Torturen, die sie und ihre Kinder (Sebastian war sprachbehindert und wurde besonders grausam behandelt) erdulden mussten, waren immens. Die Zeugenaussage eines weiteren inhaftierten Vaganten verschlimmerte die Situation der Familie zusätzlich. Schließlich fiel das grausame Urteil: Emerentia und ihre drei älteren Kinder sollten hingerichtet, die Seele der neunjährigen Tochter Maria durch eine christliche Erziehung in einer Pflegefamilie gerettet werden.

Sebastian starb wenige Tage vor der anberaumten Hinrichtung an seinen Verletzungen. Am 25. September 1690 wurde Emerentia Pichler enthauptet und verbrannt, zwei Tage später Michael und Anna. Um sie auf den rechten Weg zu bringen, musste Maria die Ermordung ihrer Familie mit ansehen. Das gebrandmarkte Kind kam bei einer Bauernfamilie unter, die ihr, so lässt sich erahnen, den Teufel auszutreiben wusste. Der Rittersaal ist heute ein Ort der Kunst.

Adresse Schlossberg 1, 9900 Lienz | ÖPNV Bus 941, 951, 952, 954, 961, 962, Regio Lienz 2, Haltestelle Hochstein/Schloss Bruck | Anfahrt B108 Felbertauernstraße Richtung Felbertauern, Parkplätze Hochsteinbahn (westlich) und Terlagofeld (östlich) der Iseltaler Straße | Öffnungszeiten Mai–Okt., aktuelle Infos unter www.museum-schlossbruck.at, Kontakt: museum@stadt-lienz.at | Tipp Wer sich die Schlosskapelle anschaut, weiß, warum sich Brautpaare hier gern das Jawort geben. Die zweigeschoßige Anlage schmücken farbenprächtige Wandmalereien, die großteils in der Spätgotik entstanden.

52 Das Südbahn-Heizhaus

Der einzige Langlokschuppen der Südbahn

»Die ganze Welt wirft sich jetzt, seit die Bahn geöffnet ist, auf das Pustertal«, notierte der bayerische Reiseschriftsteller Ludwig Steub. Er nahm damit Bezug auf den Reiseboom, den die von der kaiserlich-königlichen Südbahn-Gesellschaft errichtete und 1871 eröffnete Bahnverbindung zwischen Villach und Franzensfeste auslöste. Für Osttirol bedeutete die Pustertalbahn den touristischen Aufschwung – auch wenn die wenigsten auf den Ansturm vorbereitet waren. Der aus Westfalen stammende Reiseschriftsteller Gustav Rasch etwa monierte, an manchen Tagen fände kaum die Hälfte der Reisenden in Lienz Aufnahme. Dazu kam, dass die Unterkünfte selten den Ansprüchen der betuchten Reisenden entsprachen. Kinderkrankheiten, die bald kuriert sein sollten.

An die Geschichte der Bahn erinnern noch heute die historischen Aufnahmsgebäude entlang der Bahnstrecke – und das denkmalgeschützte Südbahn-Heizhaus. Die vom Architekten Wilhelm von Flattich geplante dreigleisige Remise ergänzten ursprünglich Anbauten sowie ein Rundhaus samt Drehscheibe für die Lokomotiven. Bei der Bombardierung 1945 wurde das Rundhaus großteils zerstört und danach nur noch teilweise wiedererrichtet. Die ebenfalls beschädigte Remise wurde komplett instand gesetzt. Sie ist heute der einzig erhaltene Langlokschuppen der Südbahn. Ab 1942 ersetzte eine neue Drehscheibe im Westen des Areals die ursprüngliche. Mit der Elektrifizierung, abgeschlossen 1989, waren die dieselbetriebenen Fahrzeuge Geschichte und die Remise endgültig ihrer Funktion beraubt. Die elektrischen Triebfahrzeuge der Österreichischen Bundesbahnen sind seither in Villach beziehungsweise Innsbruck stationiert. Dafür zog das Eisenbahn-Museum ein. Es beherbergt zahlreiche Schienenfahrzeuge, Exponate und Schriften. Sie machen die große Bedeutung der Südbahn für die Region sichtbar. Liebevoll betreut vom 1980 gegründeten Verein der Eisenbahnfreunde Lienz.

BERND IMGRUND
111 WHISKYS DIE MAN GETRUNKEN HABEN MUSS
JENS DREISBACH
111 GINS DIE MAN GETRUNKEN HABEN MUSS
JULIA TZSCHÄTZSCH
111 ORTE FÜR KINDER IN FRANKFURT DIE MAN GESEHEN HABEN MUSS
MARIA TERESA CARBONE
111 HUNDE DIE MAN KENNEN MUSS
emons:
Entdecken fängt zu Hause an
CHRISTINA BACHER
111 ORTE FÜR KINDER IN KÖLN DIE MAN GESEHEN HABEN MUSS
111 WEINE AUS ITALIEN DIE MAN GETRUNKEN HABEN MUSS
THEO B. PAGEL | BRIAN BATSTONE
111 DINGE ÜBER ELEFANTEN DIE MAN WISSEN MUSS
FRANZISKA LÖ
111 ORTE FÜR KINDER IN UND UM STUTTGART DIE MAN GESEHEN HABEN MUSS
HOLGER UND ROLAND GRUMT SUÁREZ
111 INSEKTEN DIE TÄGLICH UNSERE WELT RETTEN
emons:
ISA GRÜTERING | NATASCHA KOROL
111 ORTE FÜR KINDER IN BERLIN DIE MAN GESEHEN HABEN MUSS

Adresse Bahnhofplatz 10 (Südbahn-Heizhaus), 9900 Lienz | **ÖPNV** Bus 940, 941, 942, 951, 954, 961, 962, Regio Lienz 1, 2, 3, Haltestelle Lienz Bahnhof; Bahn, Haltestelle Lienz Bahnhof, Fußgängerunterführung | **Anfahrt** B100 Drautalstraße, Bahnhof Lienz, Fußgängerunterführung, alternativ Abzweig Richtung Amlach (Ampel ÖAMTC), Tristacher Straße, nach der Draubrücke links | **Öffnungszeiten** Südbahn-Heizhaus Ende Mai–Sept. regelmäßig, außerhalb der Öffnungszeiten gegen Voranmeldung, Kontakt: kontakt@ebfl.at, Infos unter www.ebfl.at | **Tipp** Im Juli 2019 fand der Spatenstich für den Umbau des Bahnhofs Lienz statt. 29 Millionen Euro investieren die Österreichischen Bundesbahnen in das neue »Mobilitätszentrum«. 2022 soll das »Schmuckstück« fertiggestellt sein.

53 Das Tirol Archiv Photographie

Da stapeln sich die Egger'schen Fotos

Während Georg Egger als Fotopionier Osttirols in keiner Fotografiegeschichte Tirols fehlt und dessen Sohn Albin Egger-Lienz als einer der bedeutendsten Künstler des Landes die Forschung ungebrochen beschäftigt, ist Georgs Tochter beziehungsweise Albins Halbschwester Maria Egger (1877–1951) bisher maximal im Zusammenhang mit den Leistungen der beiden in Erscheinung getreten. Und das, obwohl sie über Jahrzehnte das Fotostudio des Vaters weiterführte und als Fotografin Bildmaterial nicht nur von dokumentarischem Wert für die Region hinterließ. Die Daten zu ihrem Leben und ihrem fotografischen Werk sind dürftig.

Geboren 1877, übernahm »Mariedl«, wie sie in der Familie genannt wurde, nach dem Tod des Vaters 1907 dessen renommiertes Fotoatelier in der Lienzer Schweizergasse.

Immer wieder fotografierte Maria Albin Egger-Lienz' Kinder Lorli, Fred und Ila. Im Laufe der Jahre verschlechterte sich das Verhältnis zwischen der Familie des Bruders und ihr. Die Tante galt als herrschsüchtig, egoistisch und geizig.

Die rund 7.000 Glasplattennegative aus dem Fotoatelier Egger befinden sich als Dauerleihgabe im Tirol Archiv für Photographie (TAP). Da Maria Egger bis zu ihrem Lebensende das Erbe ihres Vaters »in dessen und mit dessen Namen fortsetzte« (Archivleiter Martin Kofler), werden Fotografien, die bis zum Tod Georg Eggers entstanden sind, ihm zugeschrieben, die danach Maria. In den Jahrzehnten, in denen sie das Atelier führte, schuf sie Einzel- und Familienporträts, Fotografien zu besonderen Anlässen wie Hochzeiten oder Taufen. Zu finden sind aber auch Außenaufnahmen mit Soldaten, Musikkapellen und so weiter. Sie sind von hoher Qualität, wichtige zeit- und kulturhistorische Dokumente für Osttirol – und immer wieder Teil von Ausstellungen.

Adresse Egger-Lienz-Platz 2, 9900 Lienz | ÖPNV Regio Lienz 2, Haltestelle Klösterle; Regio Lienz 1, 3, Haltestelle Spitalskirche/Zentrum | Anfahrt B100 Drautalstraße, Lienz, Abzweig Adolf-Purtscher-Straße, Schlossgasse rechts, Abzweig Schweizergasse, folgen bis Egger-Lienz-Platz | Öffnungszeiten Di, Mi 14–17 Uhr oder nach tel. Vereinbarung unter Tel. 04852/98238 | Tipp In der Schweizergasse findet sich das Hauptgeschäft der 1987 gegründeten Bäckerei Joast. Seit dem Jahr 2000 setzt sie auf regional angebauten Bioroggen und Biodinkel.

54 Ummi Gummi

Ein Fensterl in die weite Welt

Über 40 Jahre ist es her, da taten sich einige junge Lienzer zusammen, um das kulturelle Vakuum, das sie in der Stadt spürten, zu durchbrechen. Unkonventionell der Name, den sie sich gaben: Ummi Gummi. Lautmalerisch provozierte er die Frage: Was ist das? Ummi Gummi eben.

Die Anfänge gestalteten sich steinig, der Zulauf junger Menschen motivierte weiterzumachen. »Wir öffneten ein kleines Fensterl in die Welt«, erinnert sich Hans Mutschlechner, Gründungsmitglied und Obmann des Vereins. Ummi Gummi veranstaltete Konzerte, Kabarett, Lesungen, Theater. Jazz, Jazz vor allem: Dave Brubeck, Joe Zawinul, Archie Shepp, Don Cherry traten auf. Jethro Tull, Joe Cocker, Sting, Zucchero, The Dubliners, Black Sabbath ließen es krachen. Die Größen des österreichischen Kabaretts, Lukas Resetarits, Andreas Vitásek, Otto Grünmandl, kamen in die Sonnenstadt.

Um auch andere Publikumsschichten anzusprechen, begann Ummi Gummi 1992, Straßentheaterkünstler einzuladen. Die Basis für »Olala – Internationales Straßentheaterfestival« war geschaffen. Anfangs war die Veranstaltung Teil des Lienzer Stadtfests, dann etablierte sie sich als eigenständiges Festival. Akrobatik, Jonglage, Varieté, Artistik, Tanz, Illusion, Comedy zogen ein. »Wir wollten und wollen die neuesten Strömungen dieses breiten Genres präsentieren«, so Mutschlechner. Der Vorteil des Straßentheaters: Es ist bunt, braucht keine Worte, wirkt unmittelbar. Längst ist das Festival integraler Bestandteil des Lienzer Kultursommers, verwandelt die Straßen und Plätze der Altstadt in Bühnen. In der Olala-Zeit ticken die Uhren anders, präsentiert sich die Stadt farbig, humorvoll, schräg, laut, lustig, aber auch nachdenklich. Die Künstlerparade zieht enorme Besuchermengen an, begeistert. »Wir haben etwas geschaffen, was wir nicht zu träumen gewagt hätten«, sagt Mutschlechner. Olala ist reine Energie für Lienz.

Adresse Zettersfeldstraße 23, 9900 Lienz | ÖPNV Busse, Bahn, Haltestelle Bahnhof, weiter je nach Veranstaltung | Anfahrt B100 Drautalstraße, Lienz, Parkplätze südlich der Altstadt, weiter je nach Veranstaltung | Öffnungszeiten Veranstaltungen von Ummi Gummi unter www.ummigummi.at; Straßenfestival Olala jeden Sommer, Infos unter www.olala.at | Tipp Allein die überdimensionierten Figuren, darunter Elvis Presley und zwei Totempfähle, an der Fassade lassen einen am Creativ Center Lienz in der Oberhuebergasse nicht einfach vorbeigehen.

55 Die ehemalige Barackensiedlung

Ein Lager, das zur Heimat wird

Wer durch die Peggetz spaziert oder fährt, bewegt sich in einem wenig einladenden Industrie- und Gewerbegebiet. Zwischen den großen Anlagen finden sich allerdings immer wieder längliche, einstöckige Gebäude, die an eine andere Zeit erinnern, an die der Barackenlager. 1939 kaufte die Deutsche Wehrmacht in der Peggetz circa 45 Hektar Grund an, um ein Lager einzurichten. 1.200 Soldaten sollten hier untergebracht, ausgebildet und verpflegt werden. Neben Wohnbaracken aus Holz entstanden Küchen-, Verwaltungs- und Sanitäreinheiten. Zudem baute die Wehrmacht Hallen für Pferde und Fahrzeuge, dazu Werkstätten und einen Steg über die Drau nach Tristach (nicht identisch mit dem heutigen).

Nach der Kapitulation des Deutschen Reichs am 8. Mai 1945 dienten die Baracken als Flüchtlingslager. Zunächst für Kosaken, dann vor allem für Slowenen, Kroaten und Serben. An die 6.000 Menschen kamen in der Peggetz unter, richteten sich ein, legten Gärten an, begannen Kleingewerbe zu betreiben. Bis zum Staatsvertrag 1955 blieb das Areal deutsches Eigentum. Später mieteten sich Firmen in den Hallen ein, wurden erste Baracken abgerissen, neue Betriebe angesiedelt. Für die Familien, die noch hier lebten, schuf die Stadt einfache, barackenartige Häuserzeilen nördlich des Kosakenfriedhofs. In den übrig gebliebenen Holzbaracken kamen zum Teil Wohnungslose und Arbeitslose unter, zum Teil gewerbliche Betriebe.

Mittlerweile ist Gewerbegrund in der Peggetz sehr begehrt. Nicht nur deshalb gab es bereits mehrere Versuche, die Bewohner der letzten noch existierenden Baracken abzusiedeln. Bisher scheiterten sie am Widerstand der dort lebenden Menschen. Und so stößt man bei einem Spaziergang durch die Peggetz immer wieder auf barackenartige Wohngebäude, auf letzte Zeugen einer vergangenen Zeit.

Adresse unter anderem Peggetz 15 und Tristacher Steig 21–27, 9900 Lienz-Peggetz | ÖPNV Bus 940, 941, 951, 961, Haltestelle Peggetz/Auenweg | Anfahrt B100 Drautalstraße Richtung Nikolsdorf, Peggetz Abzweig Bürgeraustraße (Beschilderung Kosakenfriedhof folgen), Abzweig Tristacher Steg, Querstraße Peggetzstraße | Öffnungszeiten nur von außen zu besichtigen | Tipp Der Kosakenfriedhof am Tristacher Steg erinnert an das Kosakendrama 1945. Die im Lienzer Becken gestrandeten Kosaken sollten in die Sowjetunion »repatriiert« werden. Hier sind jene begraben, die bei der gewaltsamen Räumung des Lagers getötet wurden.

56 Das Liebherr-Werk

Den ersten Weinschrank der Welt gefertigt

Im Jahr 1980 gründete die deutsche Firmengruppe Liebherr eine Zweigniederlassung in Lienz, die Liebherr-Hausgeräte GmbH. Mit rund 250 neuen Arbeitsplätzen war das Unternehmen quasi aus dem Stand heraus der größte Arbeitgeber im Bezirk – und gab unzähligen Familien eine neue Perspektive. Das war bitter nötig. Als Tiroler Exklave hatte der Bezirk mit Abwanderung zu kämpfen, zudem erschwerte seine isolierte Lage nicht nur eine touristische, sondern auch eine wirtschaftliche Weiterentwicklung.

Zwar gab es mit der Eröffnung des Felbertauerntunnels 1967 endlich eine, wenn auch über das Bundesland Salzburg laufende Verbindung zu Nordtirol. Trotzdem hatte sich die Ansiedlung größerer Betriebe bisher als schwierig erwiesen. Mit Liebherr sahen nicht nur die politisch Verantwortlichen den Bann gebrochen. Für viele markierte (und markiert) Liebherr daher den Beginn der Industrialisierung Osttirols.

Stellte das Unternehmen zunächst ausschließlich Gefriertruhen her, weitete es seine Produktion bald auf Kühlschränke aus, heute produziert es in Lienz für den privaten und den gewerblichen Bereich. Das Liebherr-Werk in Lienz baute zudem den ersten Weinschrank. 2014 erhielt die Osttiroler Niederlassung den Innovationspreis des Landes Tirol in der Kategorie »Technische Innovationen – Produkte und Verfahren« für ein neues Fertigungsverfahren (PU-Spray-Moulding). Dieses erlaubte es, Supermarkttruhen nach individuellen Designwünschen zu gestalten. In der Laudatio hielt die Jury fest: »Die neuartige Supermarkttruhe von Liebherr zeigt, dass auch in einem scheinbar ausgereiften Produktbereich Innovationen noch möglich sind.«

Die Liebherr-Hausgeräte Lienz GmbH mit ihren über 1.300 Arbeitsplätzen und rund 400.000 produzierten Geräten (das ist rund ein Viertel der Gesamtproduktion der Firmengruppe in diesem Segment) gilt nach wie vor als bedeutendste Betriebsansiedlung in Lienz.

Adresse Dr.-Hans-Liebherr-Straße 1, 9900 Lienz-Peggetz | ÖPNV Bus 940, 941, Haltestelle Fa. Liebherr | Anfahrt B100 Drautalstraße Richtung Nikolsdorf, Peggetz Abzweig Dr.-Hans-Liebherr-Straße | Öffnungszeiten nur von außen zu besichtigen | Tipp Unweit von Liebherr findet sich die Zweigniederlassung eines weiteren wichtigen Unternehmens, der Südtiroler Firma Durst Phototechnik – unschwer zu erkennen am Forschungszentrum, einem Glaskristall auf Cortenstahlsockel und den pflanzenummantelten Laborräumen.

57 Der Bretterwandbach

In den Fängen eines Ungeheuers

Seit Jahrhunderten bestimmt die Bretterwand das Leben der Menschen in Matrei. Sie fällt fast senkrecht ab und besteht aus Kalkglimmerschiefer, einem spröden, leicht brechenden Material. Von ihrem Fuß führt ein großer Graben Richtung Tal weg. Für Naturgewalten wie Starkregen ist es ein Leichtes, dieses Material in Bewegung zu setzen. Bei Unwettern wächst der Bretterwandbach zum alles mitreißenden Ungeheuer. Dann schiebt er Stein- und Geröllmassen nach Matrei, das just auf jenem Schwemmkegel liegt, der durch das Geschiebe entstanden ist. Der Bretterwandbach gilt nicht umsonst als der gefährlichste Wildbach Österreichs.

Hörten sie das Geräusch von abbrechendem Gestein, war es in früheren Zeiten an den Bewohnern des Weilers Preßlab, die Menschen im Tal vor der drohenden Gefahr zu warnen – mit Böllerschüssen oder großen, gut sichtbaren Leintüchern. Dann hatten die Bewohner des Markts noch genügend Zeit, um die Brücken über den Bach zu entfernen und die Lücken in den Schutzmauern zu schließen, die sich links und rechts des Bachs durch den Ort zogen, ihn teilten.

Seit dem 13. Jahrhundert sind schwere Vermurungen Matreis überliefert. Sie wiederholen sich in mehr oder weniger großen Abständen. Sehr früh begannen die Bewohner daher, Verbauungen durchzuführen, ab dem 18. Jahrhundert massiv auch im Mittel- und Oberlauf des Bretterwandbachs und in den Seitengräben. Nachdem 1946 große Teile des Orts erneut vermurt worden waren, wurden die Schutzmaßnahmen noch einmal intensiviert. Insgesamt 168 Sperren finden sich heute entlang des Bachlaufs. Die größte, die Kalkofensperre, nimmt bis zu 100.000 Kubikmeter Geschiebemasse auf (rund fünf Millionen Kubikmeter instabile Masse lagern am Fuße der Bretterwand). Die Hoch- und die Ledererbrücke in Matrei verfügen über automatische Tore, die bei Gefahr geschlossen werden. 100-prozentigen Schutz aber, den gibt es nicht.

Adresse 9971 Matrei in Osttirol | **ÖPNV** Bus 951, Haltestelle Korberplatz, Spaziergang entlang des Bretterwandbachs Richtung Bretterwand | **Anfahrt** B108 Felbertauernstraße Richtung Felbertauern, Abzweig Matrei, Abzweig Lienzer Straße Richtung Matrei Zentrum; Wanderung entlang des Bretterwandbachs | **Tipp** Den Talmarkt im Zentrum von Matrei (Rauterplatz 4) bestückt eine Direktvermarktergenossenschaft mit rund 100 Mitgliedern aus allen Tälern Osttirols. Im angeschlossenen Café gibt es kleinere und größere Imbisse.

58 Das ehemalige Gasthaus

Ins Herrenstüberl links, ins Bauernstüberl rechts

So unscheinbar das ockerfarbene Haus von außen, so faszinierend sein Innenleben. Links geht es ins Herrenstüberl, rechts in die Stube für die »normalen« Leute, Bauern, Knechte, Handwerker. Das Gasthaus, das heute als Wohnhaus dient, hieß Hinteregger, bis die Besitzer das am Hintermarkt ausbauten und dieses nur noch selten nutzten. Die Gaststuben im Parterre verwaisten. Die Ausschank befindet sich am hinteren Ende der einfachen Stube, hinter einem versperrbaren Holzgitter.

In den Holzregalen alles noch da: Gläser, Krüge, Teller, Besteck. Links davor ein gemauerter Ofen. Auf den Holzbänken Polster, ein paar Trophäen an der Wand und ein paar Bilder, der Herrgott im Winkel. Die Stubenuhr zeigt seit vielen Jahren halb sechs. Das Herrenstüberl präsentiert sich gediegener, die Stühle sind bequemer, die Tischtücher feiner, das Geschirr nobler, die Kredenz edler. Hier gibt es sogar eine Bibliothek. Rund um den alten Herd in der Küche noch Steinplatten, schwere Pfannen an der Wand und alte Töpfe auf der Anrichte.

Die Großeltern väterlicherseits von Theresia Brugger, geborene Hinteregger und Seniorchefin des Hotels Hinteregger am Hintermarkt, hatten das Anwesen am Kirchplatz gekauft, zu dem der sogenannte Kesslerstadl und eine Landwirtschaft gehörten. Die Großmutter, Wirtstochter aus Lienz, erwarb 1903 das »Mair'sche Wirtshaus mit Taverne« am Hintermarkt, wohin sich später der Schwerpunkt der Familie verlagerte. Sie verbesserte den dortigen Beherbergungsbetrieb sukzessive. 1968 übernahm Theresia Brugger die Leitung des mittlerweile stattlichen Hauses und erweiterte. Tochter Katharina baute das Hotel Hinteregger in den letzten Jahren zusammen mit ihrem Mann Bernd Hradecky noch einmal aus. Ein Glück, dass nie die Zeit war, die Gaststuben des ehemaligen Gasthauses zu räumen. Und so ist die Zeit hier auf sehr charmante Weise stehen geblieben.

Adresse Kirchplatz 4, 9971 Matrei in Osttirol | **ÖPNV** Bus 951, Haltestelle Mittelschule, circa fünf Minuten Fußweg | **Anfahrt** B108 Felbertauernstraße Richtung Felbertauern, Matrei passieren, circa Höhe Kirche, rechts Abzweig Goldriedstraße, Abzweig Kircherweg, rechts zum Kirchplatz | **Öffnungszeiten** nur von außen zu besichtigen; sporadisch Führungen für Gruppen möglich, Kontakt: info@hotelhinteregger.at | **Tipp** Die interaktive Multimedia-Ausstellung »Tauernwelten« im gegenüberliegenden Nationalparkhaus macht Gusto darauf, die faszinierenden »Hotspots« in natura kennenzulernen.

59 Der Eisladen

Eis in der Waffel, Aperitif im Glas

Der Eiswagen ist gut platziert, der Spruch ein Hingucker. »Eisdieler«, steht auf dem zuckerlfarbenen Handwagen im Shabby-Look an der Virgener Straße, die ins Zentrum von Matrei führt. Er lenkt die Leute auf einen großen, asphaltierten Platz zu einem Block mit Garagen und Lagerhallen. Kein Ort mit Flair, keiner mit Aufenthaltsqualität. Möchte man meinen. Doch dann laden Upcycling- und Korbmöbel zum Verweilen ein, drum herum schöne Blumen und duftende Kräuter – zwischen zwei Bäumen baumelt eine Hängematte.

Werner Baic hat eine der Garagen zum Eisladen umgebaut. Nicht nur das Ambiente ist besonders. Eisspezialitäten bezieht der Eisverkäufer von der Konditorei Pletzer in Mittersill, die Waffeln stellt er selbst her. Es störte ihn, dass Waffeln, industriell gefertigt und geschmacksneutral, nur noch als Halterung für das Eis genutzt und meist weggeschmissen wurden. Also verlegte er sich darauf, Teig anzurühren und Eisstanitzl zu rollen. Wer in der Früh vorbeikommt, dem zieht der fein butterige Duft von frischen Waffeln in die Nase. Je nach Früchteangebot und Zeit stellt Baic auch Sorbets beziehungsweise Fruchteis her.

Er legt viel Wert auf eine schöne Präsentation der Eiskreationen. Neben Eis gibt es in seinem Eisladen zudem Kaffee, frisch gepresste Säfte, Aperitifs, Wein und Bier – für Leute, die in der Mittagspause, am Nachmittag oder nach der Arbeit einfach gemütlich in einem Liegestuhl sitzen und die Sonne genießen und dabei ein feines Eis oder einen Sommerspritzer schlürfen möchten. Mit seinem Eiswagen ist er auch auf Festen und bei Kulturveranstaltungen vertreten. Dass seine Gäste sich wohlfühlen, darauf legt Baic viel Wert. Entspannt, gemütlich soll es sein, ein Ort zum Entspannen und nicht stressig – auch für ihn nicht. Genießen kann man nur, wenn man sich Zeit lässt, sagt Werner Baic – und das gilt selbstverständlich auch für den Eisdieler.

Adresse Virgener Straße 14, 9971 Matrei in Osttirol | **ÖPNV** Bus 951, Haltestelle Korberplatz | **Anfahrt** B108 Felbertauernstraße, Abzweig nach Matrei, Gereitstraße/Jakob-Wibmer-Straße folgen, kurz vor der Brücke rechts Abzweig auf Virgener Straße/Matrei Zentrum | **Öffnungszeiten** je nach Wetter von Frühling (kann auch schon Februar sein) bis in den Spätherbst, Infos unter www.facebook.com/eisladen.matrei oder einfach vorbeischauen | **Tipp** Café Pizzeria Saluti (Grießstraße 10) gilt nicht nur in Sachen Pizza als erste Adresse in der Region. Haubenkoch Ernst Moser bietet seinen Gästen Lukullisches zu angenehmen Preisen, und das in einem Tennisstüberl.

60__Der Erker

Der Moderne einen Weg bereiten

Der kleine Erker fällt nicht sonderlich auf, und auch die Szenerie, drei stilisierte männliche Figuren, hat aufs Erste nichts Bemerkenswertes. Es ist die Farbgebung, die Art der Malerei, die einen innehalten lässt. Das Wiedererkennungspotenzial bei Arbeiten von Franz Walchegger (1913–1965) ist groß. Bei dieser bezieht er sich auf diejenigen, die die Geschicke des Markts Matrei bestimmten: Erzbischöfe, Dompröpste und ihre Beamten. Ein kleines Werk mit Charme an einem Haus, das bis 2002 das Gericht beherbergte.

Walchegger gilt heute als einer der wichtigsten Vertreter der klassischen Moderne, als Pionier der Moderne in Tirol. 1913 in Lienz geboren, studierte er an der Akademie der bildenden Künste in Wien und kehrte nach Osttirol zurück. 1957 kaufte er ein Haus in Matrei, sieben Jahre später verstarb er in Klagenfurt. Der lange vergessene Künstler war Teil einer künstlerischen Aufbruchsstimmung in Osttirol.

1956 gründete er zusammen mit Josef Manfreda den Akademischen Künstlerbund Osttirol. Mit diesem und Hermann Pedit forcierte er die Gründung einer Städtischen Galerie in Lienz. Zeit seines Lebens kämpfte Walchegger um die Anerkennung seiner künstlerischen Arbeit, wurde jedoch in vielem nicht verstanden. Die Würdigung kam spät. 1984 konstatierte Heinz Mackowitz in seiner Monografie zu Walchegger: »Es steht außer Zweifel, dass der Name Walchegger stets neben jenem von Egger-Lienz genannt werden muß, wenn die Sprache auf die Kunst des 20. Jahrhunderts kommt.« Das allerdings war und ist nicht der Fall, denn Albin Egger-Lienz, der große Solitär, überstrahlt in Rezeption und öffentlicher Wahrnehmung die meisten Künstler, die in der ersten Hälfte des 20. Jahrhunderts wirkten. Trotzdem gelang es, mit einer Gedächtnisausstellung zum 70. Geburtstag und einer Ausstellung 2013 auf Schloss Bruck, Walchegger zumindest punktuell wieder ins Bewusstsein zu rücken.

Adresse Rauterplatz 1 (ehem. Gerichtshaus), 9971 Matrei in Osttirol | ÖPNV Bus 951, Haltestelle Korberplatz | Anfahrt B108 Felbertauernstraße Richtung Felbertauern, Abzweig Matrei, Abzweig Lienzer Straße bis Rauterplatz, Ecke Proßeggweg | Tipp Wer den Grabenweg entlangspaziert, gelangt zur Bachkapelle. Das farbenprächtige Fresko im Giebelfeld ist unverkennbar ein Werk von Franz Walchegger. 1959 hatten Vandalen es übermalt.

61 Die Simon-Stampfer-Tafel

Der die Bilder das Laufen lehrte

Mit dem »Lebensrad« schuf er die wesentliche Voraussetzung für die Kinematografie, das Kino, und ist heute dennoch fast vergessen. Der Geburtsort von Simon Stampfer (1790–1864) wird in einigen Quellen mit »Unterroaner Hof« zu »Gruben in der Seinize« angegeben. An der Hofstelle zwischen Berg und Raneburg hat die Gemeinde Matrei eine Tafel zur Erinnerung an ihren großen Sohn angebracht. Der in ärmlichen Verhältnissen aufgewachsene Stampfer verdankte es Gönnern, dass seine mathematisch-naturwissenschaftliche Begabung erkannt und gefördert wurde.

Nach dem Gymnasium unterrichtete er in Salzburg und beteiligte sich an der Katastralvermessung der Monarchie. Dabei bezog er astronomische Berechnungen mit ein, was große Aufmerksamkeit erregte. Seit 1819 ordentlicher Professor der Elementarmathematik am Lyzeum Salzburg, wurde er 1825 an das k. k. Polytechnische Institut zu Wien berufen, eine der europaweit angesehensten Bildungseinrichtungen der damaligen Zeit. Seine Lehrkanzel für praktische Geometrie war die erste im deutschsprachigen Raum mit Vermessungskunde als selbstständigem Fach. Stampfers Überlegungen flossen in zahlreiche Konstruktionen.

1832 begann er, stroboskopische Scheiben aus Einzelbildern herzustellen. Wenn diese durch einen Lichtstrahl unterbrochen in der richtigen Geschwindigkeit vor dem Auge vorbeigeführt werden, erscheinen sie diesem als bewegt. Das Grundprinzip des bewegten Bildes, des Kinos, war damit entdeckt. 1833 meldete er das »Lebensrad« zum Patent an. 1845 kombinierte der österreichische Erfinder Franz von Uchatius die Laterna Magica (Projektion von Bildern) mit Stampfers Lebensrad. Thomas Alva Edison patentierte 1891 das Kinetoskop. Vier Jahre später traten die Brüder Lumière mit dem ersten Film auf den Plan. Die Entwicklung des bewegten Bildes, die er wesentlich angestoßen hatte, erlebte Simon Stampfer nicht mehr. Er starb 1864 in Wien.

Adresse Hofstelle zwischen Berg und Raneburg, 9971 Matrei in Osttirol-Berg | **Anfahrt** B108 Felbertauernstraße Richtung Felbertauern, Abzweig nach Raneburg, vor der Brücke über den Tauernbach parken, circa 20 Minuten gemütlicher Fußmarsch Richtung Gruben/Berg, erste Hofstelle direkt am Weg | **Tipp** Der aus drei Hofgruppen bestehende Weiler Raneburg geriet in die Schlagzeilen, als die Tiroler Wasserkraft AG (TIWAG) 2004 ihre Pläne für ein Pumpspeicherkraftwerk Matrei-Raneburg präsentierte. Diese stießen bei der Bevölkerung auf massive Ablehnung.

62_Die Stele

Man meinte, sie sei römisch

Rund eine halbe Stunde aussichtsreicher Fußmarsch, dann steht man in der Kernsiedlung der Fraktion Bichl, links der prächtige Jakoberhof, rechts schweift der Blick hinauf zur Herz-Jesu-Kapelle. Dazwischen steht das Haus Nummer 5, vulgo Hanserbauer, und dort direkt neben dem Stiegenaufgang eine etwa drei Meter hohe Stele, die bei ihrer Entdeckung als Sensation galt und in der Literatur als »Österreichs ältester Römergrabstein« gefeiert wurde.

Zu einem 1932 von einem Bauern beim Pflügen freigelegten Chloritschiefer-Pfahl, in den die Inschrift »POPAIUS SENATOR« eingemeißelt war, gesellte sich 1936 ein skulpturierter Kopf. Schon beim ersten Fund vermutete man, dass es sich um ein Relikt aus der Römerzeit handelte. Das war naheliegend, ging man doch davon aus, dass Bichl in der Römerzeit an der Straße nach Virgen lag. In der Person Popaius vermuteten die Forscher einen Händler. Mit dem Kopf, der in einer sogenannten »Klaubmauer«, einer aus gesammelten Steinen errichteten Mauer, gefunden worden war, vervollständigte sich das Bild. Erste Zweifel kamen Mitte der 1970er Jahre auf. Nun galten Art und Aussehen des Denkmals, die Form der Buchstaben und die Personenbenennung als verdächtig. Zu singulär schien das Objekt. 1977 wiederum hieß es in einem Fachbuch über Aufstieg und Niedergang der römischen Welt, die Versuche, den Fund als moderne Fälschung hinzustellen, seien völlig verquer, eine solche sei wegen der klaren Fundverhältnisse ausgeschlossen. Und so ging es weiter.

Die epigrafische Datenbank Heidelberg der Akademie der Wissenschaften führt die römische Grabstele als Fälschung. Neben der Stele in Bichl prangt die Inschrift: »Grabstein des römischen Senators Popaius aus der Zeit vor Christi Geburt«. Sei's drum. Die Stele ist schön anzuschauen. Und an unumstrittenen antiken Zeugnissen mangelt es der gesamten Region, der ehemaligen römischen Provinz Noricum, wahrlich nicht.

Adresse Bichl 5, 9971 Matrei in Osttirol-Bichl | **ÖPNV** Bus 951, Haltestelle Korberplatz, circa 30 Minuten Fußmarsch nach Bichl | **Anfahrt** B108 Felbertauernstraße Richtung Felbertauern, Abzweig Matrei i. O., Gereitstraße, Abzweig Bichler Straße, in Bichl links, beim Brunnen nochmals links, großer Platz | **Tipp** Der denkmalgeschützte Jakoberhof ist bis unter den Balkon steingemauert, darüber dunkles, »wettergegerbtes« Holz. Im Giebel finden sich die Jahreszahl 1897 und das Erbhof-Schild »Familie Steiner«.

63__Der Oberholzerhof

Roter Kolbendinkel und Rinner Winterweizen

Alois Steiner, Bauer am Oberholzerhof und Wirt im Landgasthof Steiner, hat ein Faible für alte Haustierrassen. Pustertaler Sprinzen stehen in seinem Stall ebenso wie kräftige Noriker. Letztere führen Steiners Kutsche durch den Weiler, sie ziehen die Holzstämme aus dem Wald und stapfen mit dem Pflug über den Acker. Die Pustertaler Sprinzen wiederum, eine in der Region beheimatete Rinderrasse, war lange vom Aussterben bedroht. Dabei galt sie noch im 18. Jahrhundert als die beste der Monarchie; sie gab am meisten Milch. Gegen die Turbokühe heutiger Prägung kann sie nicht antreten, soll sie für Steiner auch nicht. Als er den Hof übernahm, schwor er der Masse ab, bei der Milch und bei allem anderen auch.

Die selbst gezüchteten Rösser arbeiten »nach meinem Takt«, wie Steiner sagt. Die Beziehung zu den Tieren, zum Boden sei anders, wenn man den Rhythmus anpasst. Klar, die großen Flächen lassen sich damit nicht bearbeiten, die großen Mengen nicht produzieren. Zwölf Hektar bewirtschaftet er, dazu kommen 24 Hektar Wald und die eigene Alm. Was geht, macht Steiner mit den Rössern, Maschinen verteufelt er trotzdem nicht. Aber: Früher seien die Tiere im Stall der ganze Stolz der Bauern gewesen, heute sei es der Maschinenpark.

Alois Steiner führt den Oberholzerhof aus voller Überzeugung als Archehof. Dazu gehört auch Getreideanbau. Auf den sechs Hektar Acker wachsen derzeit drei Sorten: Rinner Winterweizen, Chrysanth Hanserroggen und Steiners Roter Tiroler Kolbendinkel, auch als Roter Tiroler bezeichnet. Biologisch natürlich und in Mehrfelderwirtschaft, sodass sich der Boden immer wieder »entspannen«, rasten kann. Zwischen 1.200 und 2.000 Kilogramm Getreide erntet Steiner, dazu Gemüse aus dem Garten. Für die Bienen ist Mutter Gretl zuständig. Die Speisekarte des eigenen Gasthauses baut so weit als möglich auf hofeigene Produkte und auf solche aus der Region.

Adresse Feld 10, 9971 Matrei in Osttirol-Feld | ÖPNV Bus 951, Haltestelle Feld, circa zehn Minuten Fußmarsch | Anfahrt B108 Felbertauernstraße Richtung Felbertauern, kurz nach Huben Abzweig nach Feld | Öffnungszeiten Oberholzerhof nur auf Anfrage zu besichtigen, Kontakt: landgasthof.steiner@aon.at, Landgasthof Steiner Mi–Mo, warme Küche 11.30–14 und 17–21 Uhr, Di Ruhetag, Infos unter www.landgasthof-steiner.at | Tipp Im »Feldner Kirchl«, errichtet 1801, steht hinter dem Tabernakel die Inschrift: »Alle Heilige und Heiliginnen Gottes. Bitte für uns.« Nicht das einzige Außergewöhnliche. Die Zwiebelhaube des Turms gibt sich überdimensioniert und mit »Wespentaille«.

64 Die Kirche St. Nikolaus

Die Nuditäten ein einziges Skandalon

Ihre Lage ist atemberaubend, ihre Geschichte beeindruckend und ihre Schönheit in wenigen Sätzen nicht zu beschreiben. Ein Juwel für Denkmalschützer, eine Herausforderung für Restauratoren, eine Inspiration für Besucher. Was einem innen sofort ins Auge sticht: die zwei übereinanderliegenden, jeweils mit Altar versehenen Kapellen. Die prächtigen Fresken entstanden im 13. Jahrhundert. Nach ihrer Wiederentdeckung 1855 provozierten diese einen Skandal. 1881 begann ein ausgewiesener Experte, die Fresken im Oberchor freizulegen.

Im Zuge dessen frischte er die romanischen Wandmalereien auf, übermalte und ergänzte fehlende Teile, so wie vom Auftraggeber, dem Matreier Dekan, gewünscht. Offensichtlich störten diesen die »Nuditäten« bei Adam und Eva und den vier Elementen. Von Barbarei sprachen diejenigen, die sich für eine bloße Freilegung der Bilder ausgesprochen hatten. Die »Verschleierung« versetzte die Fachwelt in Aufregung. Von »rücksichtsloser Übermalung« schrieb der Kunsthistoriker Hans Semper 1893 im Boten für Tirol, und das war noch die freundlichste Kritik.

Erst ab 1929 wurde diese – in mehreren Schritten – wieder rückgängig gemacht. Anlässlich neuerlicher Restaurierungsmaßnahmen gelang 1997 ein Sensationsfund. Westlich der Kirche entdeckten die Experten circa 600 Mauerstücke. Um die Originalstellen der Teile ausfindig zu machen, erstellten sie mittels neuester Technik ein virtuelles Puzzle. So konnten von den 220 bearbeiteten Stücken 64 virtuell wieder an die richtige Stelle gesetzt werden. Diese Methode wurde in der Kirche St. Nikolaus in Ganz erstmals in Tirol durchgeführt. Sie eröffnete neue Erkenntnisse über Farbgebung und Komposition der Fresken. In den letzten Jahren wurde der Innenraum der Filialkirche erneut aufwendig restauriert, 2020 folgen noch einige Arbeiten im Außenbereich. Dann zeigt sich die Kirche St. Nikolaus wieder in ihrer ganzen Pracht.

Adresse nahe Ganz 14, 9971 Matrei in Osttirol-Ganz | **ÖPNV** Bus 951, Haltestelle Auerfeld, Fußmarsch nach Ganz circa 40 Minuten | **Anfahrt** B180 Felbertauernstraße Richtung Felbertauern, Abzweig Matrei/Virgen, weiter auf Virgentaler Straße, kurz nach Matrei links Abzweig Richtung Ganz, vor dem Abzweig nach Ganz parken und den Rest des Wegs zu Fuß, circa 30 Minuten | **Tipp** Unter Denkmalschutz stehen auch die beiden direkt unter der Kirche liegenden Höfe Klabiner und Messner (mit frei stehendem Kornkasten). Letzterer ist das Geburtshaus des Bildhauers Virgil Rainer (1871–1948).

65__Die offene Bibliothek

Täglich Lesefutter für Groß und Klein

Eine Gemeinde wie Matrei ohne öffentliche Bibliothek? Ein Ding der Unmöglichkeit für Waltraud Resinger. Die rüstige Pensionistin wohnt mit ihrem Mann Luis im Ortsteil Hinterburg. Ihr Häuschen versteckt sich hinter Büschen und Sträuchern, im terrassenförmig angelegten Garten blühen sommers Blumen um die Wette. Seit über 50 Jahren sind die beiden verheiratet. Er arbeitete bei der Post, sie betrieb einen Keramik- und Kunsthandwerksladen. Dass vor allem die Kinder keine Möglichkeit mehr haben sollten, in ihrer Freizeit Bücher auszuleihen, war für Waltraud Resinger unvorstellbar.

Und so richtete sie in ihrem Schaukasten, der lange an der Brücke in Matrei gestanden war und den Weg zu ihrem Geschäft gewiesen hatte, eine offene Bibliothek ein. Geschützt durch Bäume und Hecken steht er direkt an der Hinterburger Straße. Immer wieder räumt Resinger die Regale um, präsentiert Neuzugänge, ordnet die Bücher nach Alter, Jahreszeiten oder möglichen Interessenlagen. Bei Gelegenheit kauft sie weitere Bücher auf dem Bücherflohmarkt, oft findet sie neue im Kasten.

Kurzum, der Lesestoff geht nicht aus, es gibt immer etwas zu entdecken. Die Kinder, auf dem Weg zum Kindergarten, die Jugendlichen, die im Ferienlager den Sommer verbringen, stöbern gern in der offenen Bibliothek.

Manchmal finden die Wurzelfiguren, die Luis mit ebenso viel Hingabe herstellt und im Kasten präsentiert, kaum noch Platz. In der Adventzeit aber schlichtet Waltraud das Lesematerial so um, dass seine Weihnachtskrippe zur Geltung kommt. Die größte Freude bereitet den beiden, das Leuchten in den Augen der Kinder zu sehen, wenn sie ein Buch ausgesucht haben, und wenn Erwachsene das eine oder das andere Buch in die Hand nehmen und zu lesen beginnen. Wer die schmale Hinterburger Straße hinauffährt, übersieht die offene Bibliothek gern. Spätestens beim Hinunterfahren rückt sie ins Blickfeld.

Adresse Hinterburg 28, 9971 Matrei in Osttirol-Hinterburg | ÖPNV Bus 955 (Mai–Sept.), Haltestelle Hinterburg, circa fünf Minuten Fußweg | Anfahrt B108 Felbertauernstraße Richtung Felbertauern, Matrei passieren, Abzweig rechts Richtung Hinterburg, erste Einfahrt rechts | Öffnungszeiten frei zugänglich | Tipp Die 1991 im Weiler Preßlab errichtete Kapelle ist dem Prälaten Hubert Schachinger gewidmet, der hier viele Jahre seinen Urlaub verbrachte und in Hinterburg ein Ferienheim gründete.

66 Der Perchtenstein

Ein unseliger Geist, den keiner mehr spürt

Er liegt wenige Gehminuten nordwestlich des Strumerhofs im Wald, und stünde nicht »Perchtenstein« drauf, würde man dem Findling kaum Beachtung schenken. Denn die Luft ist frisch hier heroben, der Wald lauschig (das Zedlacher Paradies lockt!), hier ein Eichhörnchen, dort eine Maus oder ein Wildvogel.

Dabei sollen die Leute früher an diesem Stein nur ungern vorbeigegangen sein. So steht es im Roman »Der Perchtenstein« der Heimatdichterin Fanny Wibmer-Pedit (1890–1967). Böses ahnend, klammerten sie sich an ihre Betschnur oder an etwas Geweihtes in der Tasche. Selbst die Tiere witterten, dass hier etwas nicht mit rechten Dingen zuging.

Der Roman spielt in dieser Gegend – und wer ihn liest, wird mit ganz anderen Augen an den Höfen vorbeispazieren. Im Zentrum der Geschichte stehen die drei Höfe Prosegg, Hinteregg und Struma und eine verhängnisvolle Dreiecksgeschichte: Der Prossegger Hannes ist unsterblich in Verena verliebt, die schöne Tochter vom Kaysenhof. Allein, ihr Herz gehört Magnus, dem Erben vom Strumahof. Diesem hat sie versprochen, nicht zusammen mit Hannes am heidnischen Perchtenlauf teilzunehmen. Sie bricht das Versprechen. Die Perchten kommen in wildem Tanz am Strumahof vorbei. Magnus erkennt die untreue Verlobte, reißt ihr die Maske vom Gesicht, und Verena bricht tot zusammen. Dem Schrecken folgt die Angst: Die Perchte hat sie geholt. Die Anwesenden schaufeln der Toten ein Grab und verschließen es mit einem großen Stein. Auf dass sie nie mehr auferstehen möge. Jedes Unheil wird von nun an dem Fluch zugeschrieben. Gebrochen wird er erst, als Magnus' Frau ein totes Kind zur Welt bringt. Hannes aber wird seines Lebens nicht mehr froh und verliert den Verstand.

Sich an die gruselige Geschichte erinnernd, geht man schneller am Stein vorbei, dreht sich vielleicht noch einmal um, lauscht. Doch es ist nur der Wind, der durch die Blätter streift.

Adresse nahe Kräuterwirtshaus Strumerhof, Hinteregg 1, 9971 Matrei in Osttirol-Hinteregg | **ÖPNV** Bus 951, Haltestelle Auerfeld, Wanderung über das Zedlacher Paradies oder den Thiemeweg, Dauer jeweils circa 1,5 Stunden | **Anfahrt** B108 Felbertauernstraße Richtung Felbertauern, Abzweig Richtung Matrei i. O., Gereitstraße, Grießstraße, Abzweig Zedlach/Hinteregg, circa acht Kilometer bergauf bis Strumerhof | **Tipp** Das Kräuterwirtshaus Strumerhof ist weit über die Region hinaus bekannt für seine spezielle Kräuterküche. Es gibt unter anderem Wiesenlasagne und Lamm im Heu, und beide schmecken so herrlich, wie sie klingen. Zu genießen nebst einer phantastischen Aussicht.

67 Der Bahnhof

Keine Gleise, keine Station, ein Aufnahmsgebäude

Als die Regierung in Wien ab Mitte des 19. Jahrhunderts begann, ihre Provinzen im Westen bahntechnisch zu erschließen, verfolgte sie eigentlich militärstrategische Überlegungen. In den südwestlichen Regionen brodelte es. Mit der Eisenbahn ließen sich Truppen schnell transportieren. 1867 ratterte der erste Zug von Innsbruck über den Brenner nach Bozen, 1871 von Villach über Lienz nach Franzensfeste. Große Strecken konnten nun in kürzerer Zeit und bequemer als mit der Kutsche zurückgelegt werden. Alpinisten und Sommerfrischler strömten in die Berge.

Kein Wunder, dass auch periphere Regionen nach Bahnanschlüssen gierten. Besonders Pfiffige machten Nägel mit Köpfen und errichteten ein Aufnahmsgebäude, noch bevor die Pläne für eine Bahnstrecke in ihre Region spruchreif waren. Kurz vor 1900 begann der umtriebige Hubener Gastwirt und Transportunternehmer Sebastian Taferner mit dem Bau eines Bahnhofsgebäudes. Der Ort war ein wichtiger Umschlagplatz: Von hier zweigten das Defereggen- und das Kalsertal ab, wurden die Pferde für die Weiterfahrt nach Matrei gewechselt. Sein Optimismus kam nicht von ungefähr. Bereits in den 1880er Jahren gab es Pläne, eine Bahntrasse über den Felbertauern zu führen. Diesbezügliche Überlegungen zerschlugen sich zugunsten eines Bahnprojekts zwischen Mallnitz (Kärnten) und Bad Gastein (Salzburg). Einige Jahre später erarbeitete der Wiener Bauingenieur Emanuel Rindl ein Regionalbahnprojekt mit einer Trassenführung von Lienz über Oberlienz und Huben nach Matrei. 1900 lagen die entsprechenden Unterlagen im Stadtmagistrat Lienz zur Einsicht auf. Umgesetzt wurde das Unternehmen bekanntlich nicht. Noch heute gibt's keine Bahnverbindung nach Matrei in Osttirol. Das Gebäude verhehlt die ihm ursprünglich zugedachte Funktion nicht, präsentiert sich als gestrecktes, symmetrisch angelegtes Haus mit Mittelrisalit und Torbogen. Es beherbergt heute eine Bäckerei.

Adresse Huben 32, 9971 Matrei in Osttirol-Huben | **ÖPNV** Bus 951, 952, 953, Haltestelle Huben Ort | **Anfahrt** B108 Felbertauernstraße Richtung Felbertauern, Abzweig Huben, Ortszentrum | **Öffnungszeiten** von außen zu besichtigen | **Tipp** In der rund vier Kilometer entfernten Ortschaft Kienburg steht auf einem Hügel die gleichnamige Burgruine. Ende des Zweiten Weltkriegs zerstörte eine abgeworfene Bombe große Teile der bereits baufälligen Anlage.

68 Die Filialkirche

Das weggelegte Kind des Architekten

Lois Welzenbacher hat sie geplant. Das steht in allen Texten, in denen es um die Kaplaneikirche zum Heiligsten Herzen Jesu in der Fraktion Huben der Gemeinde Matrei geht. In einem geladenen Wettbewerb stach der Innsbrucker Architekt unter anderem den nicht minder bekannten Architekten Clemens Holzmeister aus. Errichtet wurde die Kirche in mehreren Etappen ab 1925. 1928 fand die Weihe statt, 1996 eine Renovierung, und einige Jahre später wurde die Sakristei umgebaut.

Die Form ist eigen. Besonders ins Auge stechen die schlichte Fassade mit den geschwungenen Giebelmauern und der Zwiebelturm. Im Inneren klare Formen, Tonnengewölbe, der eingezogene Rundchor grenzt den Altarraum ab, vis-à-vis eine durchgängige Empore. Das Inventar stammt großteils nicht aus der Zeit Welzenbachers – so etwa die Kanzel oder der Altar.

In den wenigen, aber ausführlichen Büchern über Lois Welzenbacher wird die Kaplaneikirche nicht weiter beachtet, nicht einmal in Guido Harbers Werkschau, die sich mit Welzenbachers Arbeiten zwischen 1919 und 1931 befasst. Der Architekturkritiker Friedrich Achleitner hält 1980 fest, die Kirche sei wohl ein »ungeliebtes Kind« Welzenbachers gewesen, betont aber: »Es handelt sich um eine subtile Form der landschaftlichen Einpassung durch Neuinterpretation historischer Formen.«

Interessant ist das Gebäude auch vor dem Hintergrund, dass das Thema Kirchen Welzenbacher offensichtlich sehr wichtig war. 1935 veröffentlichte der Architekt, sonst mit theoretischen Überlegungen zur Architektur zurückhaltend, den Beitrag »Die Kirche und ihre städtebauliche Einfügung«. Darin hielt er im Zusammenhang mit einem anderen seiner Sakralbauten fest, die Kirche sei nicht das architektonische Schmuckstück einer Siedlung, sondern der geistige Schwerpunkt. Einfachheit, Sauberkeit, Klarheit und Helligkeit waren die Ansprüche, die er erfüllt sehen wollte.

Adresse Huben 1, 9971 Matrei in Osttirol-Huben | **ÖPNV** Bus 951, 952, 953, Haltestelle Kirche/Huben | **Anfahrt** B108 Felbertauernstraße Richtung Felbertauern, Abzweig Huben/Dorfstraße | **Tipp** Der Iselradweg ist etwas für Genussradler (durchschnittlich ein Prozent Steigung). Von Lienz bis St. Johann im Walde geht es auf einem asphaltierten Radweg, von dort bis Huben die wenig befahrene alte Landstraße entlang (Streckenlänge gesamt 20 Kilometer). Wer will, kann bis nach Matrei weiterfahren.

69__Der Bichlerhof

Langsames Dahinsiechen am »Stoan«

Er galt als eines der »eindrucksvollsten Zeugnisse bäuerlicher Geschichte im Alpenraum« – und ist heute eine Ruine. Der Bichlerhof, Bichler am Stoan, steht an prominenter Stelle über einer Felskante im Tauerntal. Ein beredtes Zeugnis dafür, wie groß der Wille früherer Generationen war, sich selbst in entlegensten Gegenden eine – wenn auch karge – Lebensgrundlage zu schaffen. Erstmals erwähnt 1437 als die »erste swaig« auf dieser Felsschulter, gehörte der Bichlerhof zu jenen Schwaighöfen, denen ewiges Erbrecht verliehen wurde. Ein Privileg, das seine besondere Stellung unterstrich. Damit verbunden war die Verpflichtung, den Hof das ganze Jahr über zu bewohnen. Eine Herausforderung, denn der Weg hinauf führte durch extrem felsiges Gelände, war lawinen- und steinschlaggefährdet. Alte Fotos zeigen große Familien, vom Leben gezeichnete, aber auch stolze Menschen. Der Blick ins Tal, er war und ist erhebend.

Trotz der Mühsal wuchs der Bichlerhof zu einer stattlichen Hofstelle, auf der zeitweise über 40 Personen lebten. Mehrere Bau- und Umbauphasen ließen sich nachweisen. Die zentralen Teile des Bestands stammen aus der Barockzeit. Das zweigeschoßige Mittelflurhaus mit Schindeldach trägt in der Firstpfette die Jahreszahl 1723, daran im rechten Winkel anschließend ein lang gestrecktes Wirtschaftsgebäude. Der Kornspeicher wurde aufgrund der Hangneigung auf Pfosten geständert. Der hangseitige Bereich entstand Ende des 17., der talseitige Anfang des 18. Jahrhunderts.

Der Hof stand schon lange leer, als er 1999, mit einem schützenden neuen Dach versehen, unter Denkmalschutz gestellt wurde. 20 Jahre später ist er eine einsturzgefährdete Ruine. Ein orkanartiger Sturm hat das halbe Dach abgetragen, die schneereichen Winter haben ein Übriges getan. Der ehemals so stolze Schwaighof, ein trauriges Mahnmal der Unterlassung. Wenn kein Wunder passiert, ist er nicht mehr zu retten.

Adresse Kaltenhaus 3, 9971 Matrei in Osttirol-Kaltenhaus/Stein | Anfahrt B108, Felbertauernstraße Richtung Felbertauern, beim Felbertauernstüberl rechts Abzweig nach Stein, erster Hof links auf dem Felsen, davor kleiner Parkplatz | Öffnungszeiten einsturzgefährdet, nur von außen zu betrachten | Tipp Mit dem Fahrweg (erbaut 2002 bis 2012) wurde der alte Fußweg nach Stein aufgelassen. Reste des abenteuerlichen Steigs sind rechts der Brücke zu sehen. Hier wurde der Weg in den Felsen gehauen, eine einfache Brücke überspannte früher den Bach beim Wasserfall.

70_Der Großwodosch

Klein Hitler macht Matrei zum Nabel der Welt

Als Peter Waller 1891 in Budapest geboren wurde, ahnte niemand, dass er einmal nach der Weltherrschaft streben und als Zentrum seines Reichs Matrei in Osttirol wählen würde. Er wuchs in Wien auf. Gesegnet mit einer ausschweifenden Phantasie und Geltungssucht sah er sich zu Höherem berufen. Ein neues Weltreich in Abessinien sollte entstehen. Der Plan scheiterte, nicht zuletzt, weil Waller auf der Psychiatrie in Wien landete und seine »Warden« führerlos dastanden.

Die Staatsgründungsideen blühten wieder auf, als Waller sich einen neuen Wirkungskreis erschloss. Am 2. September 1932 verlegte er seine »Weltzentralexekutive der Deutschen im Ausland« nach Matrei in Osttirol. Gleichzeitig erhob er den Ort zur Hauptstadt der Deutschen in der Welt. 23 Bezirke sollte seine Metropole umfassen, von der Inneren Stadt bis Gschlöß, von Seblas bis Virgen, natürlich mit Ringstraße und Gürtel, so viel Wien musste sein. Im Zentrum von »Großwardein« stand Schloss Weißenstein, Sitz des Regenten, des Großwodoschs Peter Waller, Führer aller Warden. Seine Pläne verlautbarte er im Gasthaus Magnus in Hintermarkt. Anfangs wirkte der Großwodosch wohl überzeugend. Die Vorstellung von einem neuen Reich, nun in Paraguay, war für viele sicher verlockend. Jedenfalls konnte er sich nicht über mangelnde Zuhörerschaft beklagen. In einer eigenen Zeitung, dem »Urwald-Echo«, konkretisierte er seine Eroberungsstrategien.

Bald dürften aber selbst dem Gutgläubigsten die Phantastereien zu wüst geworden sein. Enttäuscht verließ Waller Matrei, reiste nach Ecuador, kehrte schließlich nach Wien zurück, führte ein geregeltes Leben. Er starb 1971, ohne nochmals gröber auffällig geworden zu sein. Der Matreier Heimatverein Medaria verwahrt den Stadtplan von Großwardein und einige andere Erinnerungsstücke an Peter Waller. Seine wahnwitzigen Pläne brachten ihm in Matrei den Ruf eines »kleinen Hitlers« ein.

Adresse Schloss Weißenstein, 9971 Matrei in Osttirol-Kaltenhaus | **ÖPNV** Bus 951, Haltestelle Korberplatz oder Mittelschule, Richtung Proßegg/Kaltenhaus, circa 25 Minuten Fußweg | **Anfahrt** B108 Richtung Felbertauern, Abzweig Matrei i. O., Abzweig Lienzer Straße bis Rauterplatz, Abzweig links Proßeggweg, rechts Kaltenhaus | **Öffnungszeiten** nur von außen zu besichtigen | **Tipp** Im »Bäckenstodl« (Hintermarkt 13) findet sich das Klaubaufmuseum. Das Klaubaufgehen hat jahrhundertelange Tradition, und die wilden Gesellen lehr(t)en selbst Unerschrockene das Fürchten. Die Larven im Museum sind zwar gruselig, hängen aber sicher an der Wand.

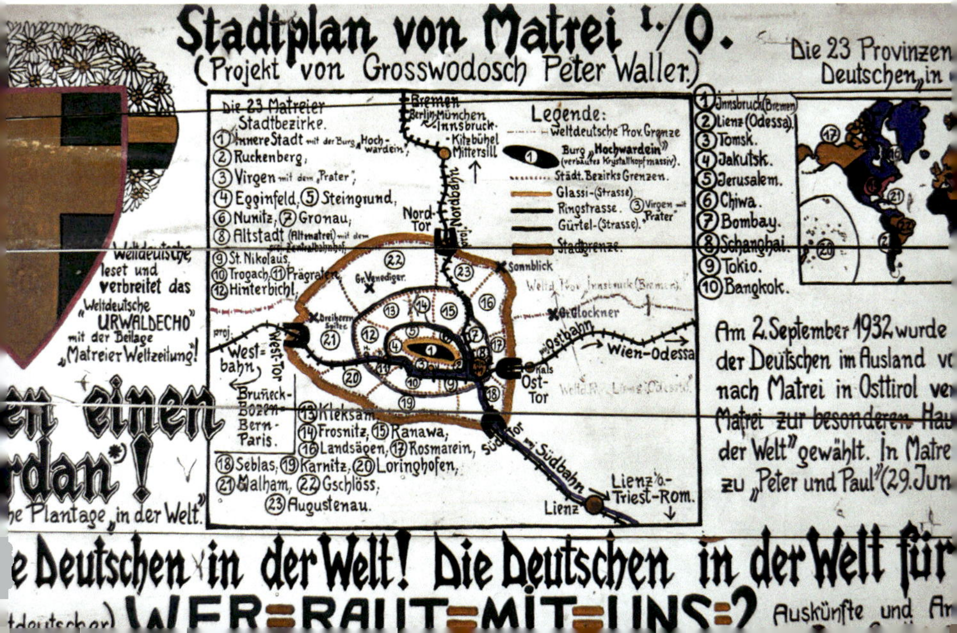

71 Die Deutsche Tamariske

Schiebt große Pläne auf die Sandbank

Myricaria germanica, Deutsche Tamariske. Hätte vor einigen Jahren jemand nach dieser Pflanze gefragt, Nicht-Sachkundige hätten bedauernd oder verständnislos den Kopf geschüttelt: Keine Ahnung. Kenn ich nicht. Tatsächlich handelt es sich um einen unscheinbaren Strauch. Er kann bis zu zwei Meter hoch werden, trägt kurze, schuppenförmige Blätter und weiße, traubenförmig angeordnete Blüten. War er anfangs des 20. Jahrhunderts noch relativ häufig auf Schotterflächen und Sandbänken an Flüssen und Bächen zu finden, ist er in Österreich mittlerweile vom Aussterben bedroht, in Tirol geschützt und, auch nicht unwichtig, Teil der europäischen Fauna-Flora-Habitat-Richtlinie, die sich Erhalt und Wiederherstellung der biologischen Vielfalt auf die Fahnen geheftet hat.

Die Deutsche Tamariske, eigentlich eine genügsame Pflanze, gibt es hierzulande tatsächlich nur noch am naturbelassenen Lech und an der Isel in Osttirol. Die Standorte bieten jene Voraussetzungen, die der Strauch für sein Überleben benötigt: ein möglichst vom Menschen unbeeinflusstes Gewässer, intakte Biotopverbundsysteme genannt. Flussverbauungen dagegen sind der sichere Tod der Deutschen Tamariske, die sehr sensibel auf Veränderungen ihres Lebensraums reagiert und einfach ausbleibt. Umgekehrt schafft sie erst die Basis, damit sich andere Fauna und Flora auf den Sandbänken ansiedelt. Die Deutsche Tamariske fungiert daher als eindeutiger Indikator für einen intakten Naturraum. So am Tauernbach, wo sie unschwer auszumachen ist, wenn man mit offenen Augen am Gewässer entlangspaziert.

Mittlerweile kennt jeder in Osttirol die Deutsche Tamariske, zumindest dem Namen nach. Für helle Aufregung sorgte sie im Bezirk, weil mit ihrem Vorkommen Natura-2000-Gebiete nachnominiert werden müssen. Auch die an Isel und Tauernbach geplanten Kraftwerksprojekte kann die unscheinbare Deutsche Tamariske kippen.

Adresse Höhe Brücke Proßegg, 9971 Matrei in Osttirol-Proßegg | ÖPNV Bus 951, Haltestelle Korberplatz, circa 25 Minuten nach Proßegg/Tauernbach, alternativ Bus 951, Haltestelle Auenfeld, entlang des Tauernbachs Richtung Proßegg | Anfahrt B108 Felbertauernstraße Richtung Felbertauern, Abzweig Matrei, Richtung Matrei Zentrum, Richtung Proßegg, vor der Brücke parken, entlang des Tauernbachs | Tipp Auf der orografisch rechten Seite des Tauernbachs führte ein wildromantischer Weg durch die Schlucht nach Gruben. Wegen Steinschlags ist er seit einigen Jahren gesperrt. Die Wegführung ist aber noch gut zu erkennen.

72 Die ehemalige Mautstation

Steinerne Front hinter brausendem Verkehr

Bis zu Beginn des 20. Jahrhunderts führte die Straße von Lienz nach Matrei in Osttirol durch den Weiler Feld und den Klauswald. Seblas lag in beschaulicher Ruhe. Das änderte sich mit dem Neubau der Iseltalstraße (heute Felbertauernstraße). Damals wurde die Trasse hier von der orografisch linken auf die rechte Seite verlegt. Der Ruf dieser Strecke war sagenhaft schlecht gewesen. Hartnäckig monierten die Nutzer immer wieder den unzumutbaren Zustand des Karrenwegs. Um den Bau der neuen Verbindung zu finanzieren, errichteten die Verantwortlichen bei Seblas eine Mautstation – und zwar im Gasthaus Brühl. Dieses war in der zweiten Hälfte des 19. Jahrhunderts von einem Südtiroler Weinhändler gebaut worden. Dessen Augenmerk lag nicht nur auf einem gut funktionierenden Keller, in dem er Wein lagern konnte, es gab auch einen Ausschank. Die Bewohner der umliegenden Dörfer, aber auch erste Alpintouristen kehrten gern auf ein Gläschen ein.

Wer heute an dieser Stelle der Felbertauernstraße anhält, um das wirkmächtige Steingebäude in Augenschein zu nehmen, erfährt, welche Luftströme Tempo 100 in Bewegung setzt. Das Queren der stark befahrenen Straße kommt einem Harakiri-Unternehmen gleich – in Summe ein Gefühl, als stünde man an einer stark befahrenen Autobahn. Schade, denn damit lässt sich kein entspannter Blick auf das Ensemble werfen, das im hinteren Bereich fast mit dem Hang verschmilzt. Das massige dreistöckige Gebäude besteht komplett aus Bruchsteinmauerwerk. Der turmartige Vorbau mit Steinüberdachung, Rundbogenöffnung und Stiege bot früher den Zugang zum Gebäude. Daneben ein Steinschupfen mit großem Tor, der wohl in einen Keller führte und einen unterirdische, verwinkelte Verbindungen vermuten lässt, in denen der Weinhändler einst seine edlen Tropfen lagerte. Trotz der unleidlichen Verkehrssituation halten immer wieder Leute an, um das Haus zu betrachten.

Adresse Seblas 25, 9971 Matrei in Osttirol-Seblas | **ÖPNV** Bus 951, Haltestelle Feld; circa 20 Minuten Fußmarsch entlang der stark befahrenen Felbertauernstraße | **Anfahrt** B108 Felbertauernstraße Richtung Felbertauern, bei Seblas, gleich neben der Straße | **Öffnungszeiten** nur von außen zu besichtigen | **Tipp** Im Weiler Tratten findet sich das sogenannte Trattner Stöckl. Die zum Trattnerhof gehörige Kapelle ist der Schmerzhaften Muttergottes geweiht.

73__Die Alte Prager Hütte

Über die Sitzbank in die Pritsche

Über 300 alpine Schutzhütten gibt es in Tirol, 30 erfüllen nach Ansicht des Landeskonservatorats für Tirol die Denkmalschutzkriterien. Mit der flächendeckenden Erfassung von Schutzhütten, die aus Sicht des Denkmalamts erhalten werden sollten, war das BDA Tirol Vorreiter nicht nur in Österreich. Zu den ersten, die unter Schutz gestellt wurden, gehören die Alte und die Neue Prager Hütte.

Die Alte Prager Hütte im Nationalpark Hohe Tauern zählt zu den ältesten erhaltenen Alpenvereinshütten Österreichs. 1872 von der Sektion Prag nach Plänen von Johann Stüdl »am Kesselkopf« ausgeführt, bot sie einen grandiosen Blick auf das Schlatenkees. Wenige Jahre später durch eine Lawine zerstört, wurde sie etwas größer neu erbaut. Um den immer höheren Anforderungen gerecht zu werden, errichtete die Sektion 1901/1903 auf 2.796 Metern Seehöhe eine neue, nochmals größere Hütte. Sie war rund eine Stunde Gehzeit von der alten entfernt, die ungenutzt bestehen blieb.

Mit der Unterschutzstellung 2012 rückte die Alte Prager Hütte wieder ins Visier. Dank der erhaltenen Pläne konnte das Innere in den Urzustand zurückversetzt werden. Seit Sommer 2019 dient sie als Schauraum und ist somit das höchstgelegene Alpinmuseum Österreichs. Die eigentliche Sensation ist aber die Hütte selbst. Durch das Glasfoyer eröffnet sich ein Blick in die Anfänge des Alpintourismus, in die frühe Geschichte der Schutzhütten. Die Unterkunft besteht aus einem Raum, zweigeteilt in einen Aufenthalts- und einen Schlafbereich, sowie einem Lager unter dem Dach. Platzsparend sind die Ablageflächen ins Mauerwerk integriert, die um den Herd angeordneten Sitzbänke dienen auch als Einstieg zu den Pritschen.

Kein Vergleich zur Neuen Prager Hütte, die bereits voll auf die Ansprüche eines bürgerlich-städtischen Publikums abgestimmt war – mit Schlafkammern und großzügiger getäfelter Stube samt Thonetsessel und Prager Veduten.

Adresse Innergschlöß, südöstlich des Großvenedigers, 9971 Matrei in Osttirol-Tauer | ÖPNV Bus 955 (Mai–Sept.), Haltestelle Tauernhaus, von dort Taxi beziehungsweise Kutsche nach Innergschlöß, anspruchsvolle Bergwanderung, circa vier Stunden | Anfahrt B108 Felbertauernstraße Richtung Felbertauern, Abzweig Tauernhaus | Öffnungszeiten Alte Prager Hütte – parallel zur Hüttensaison der Neuen Prager Hütte – in den Sommermonaten geöffnet, Infos unter www.alpenvereinaktiv.com | Tipp Wandern Sie weiter bis zur Neuen Prager Hütte und lassen Sie die riesige Entwicklung auf sich wirken, die im Bereich Alpinismus und Hüttenausstattung in den letzten 150 Jahren gemacht wurde.

74 Der Felbertauerntunnel

Starke Verbindung mit sensiblen Stellen

Die Enttäuschung war groß, als Ende der 1920er Jahre in Wien der Beschluss fiel, keine Straße über den Felbertauern, sondern die Großglockner-Hochalpenstraße zu bauen. Die Osttiroler mussten weiterhin über Südtirol und damit Italien in ihre Landeshauptstadt reisen. Viele Jahrzehnte weiterer Bemühungen sollten folgen, bis der Felbertauerntunnel endlich projektiert wurde. 1967 fertiggestellt, durchstößt die 5.313 Meter lange Röhre den Hauptkamm der Hohen Tauern ins Amertal. Die Eröffnung der mautpflichtigen Straße am 25. Juni 1967 war ein Festtag für Nord- und Osttirol.

Der Künstler Jos Pirkner schuf zu diesem Anlass eine Bronze-Großplastik mit dem Titel »Begegnung«. Sie hängt über dem Südportal des Felbertauerntunnels und symbolisiert das Verbindende. Über dem angedeuteten Tunnel strecken sich stilisierte Menschen die Hände entgegen. Die Reisenden nehmen das Kunstwerk kaum wahr. Geht es Richtung Süden, fällt ihr Blick auf das Tauerntal, geht es gen Norden, konzentrieren sie sich auf die dunkle Röhre, die sie so schnell wie erlaubt durchmessen, um am anderen Ende ins Licht zu blicken. Durchschnittlich durchqueren täglich 4.200 Kraftfahrzeuge den Felbertauerntunnel, vor 20 Jahren waren es 3.200. Die Verbindung ist den meisten selbstverständlich geworden. Die Nacht auf den 14. Mai 2013 – um 1.38 Uhr, wie ein Bauer festhielt – zeigte, dass auch ein technisches Meisterwerk nicht gefeit ist vor Naturgefahren. Ein riesiger Felssturz auf der Höhe der Schildalmgalerie brachte rund 30.000 Kubikmeter Gestein in Bewegung.

Binnen Minuten waren 95 Meter der Galerie zerstört. Zehn Wochen brauchten die Bauarbeiter, um eine provisorische Umfahrungsstraße zu errichten. Aufgrund der labilen Hangsituation war an eine Sanierung der Galerie nicht zu denken, ein neuer Straßenverlauf musste geplant werden. Am 5. September 2015 fand die offizielle Eröffnung statt.

Adresse Südportal Felbertauerntunnel, 9971 Matrei in Osttirol-Tauer | Anfahrt B108 Richtung Felbertauern, Felbertauern Südportal | Tipp In der ersten Kehre südlich des Portals ist noch der Beginn der Galerie und etwas südlich der Abzweig zur Schildalm (links des Tauernbachs) erkennbar. Rechts ist der Rest jenes Abschnitts der alten Felbertauernstraße zu sehen, der infolge des riesigen Felssturzes 2013 gesperrt werden musste.

75 Der Gedenkstein

Ein Zugunglück und die Titanic

Heftige Regenfälle ließen die Drau von Sonntag, den 27. auf Montag, den 28. September 1942 derart anschwellen, dass sie in der Nähe von Nikolsdorf die Bahngleise unterspülte und diese teilweise in der Luft hingen. Woraufhin in den frühen Morgenstunden ein voll besetzter Personenzug in den reißenden Fluss stürzte. 21 Tote und 96 Verletzte konnten geborgen werden. Wie viele Menschen tatsächlich gestorben waren, ließ sich nie endgültig klären. Der Nikolsdorfer Pfarrer notierte im Sterbebuch, die Zeitungen würden von 20 bis 40 Toten berichten, es dürften allerdings mehr gewesen sein. Er vermutete, die genaue Zahl solle verheimlicht werden. Der Grund dafür: Fahrlässigkeit der Reichsbahn. Die Verantwortlichen hätten die Strecke trotz Starkregens nicht kontrolliert. Hinter vorgehaltener Hand war die Rede von bis zu 150 Opfern. Die geborgenen Toten hielt der Pfarrer namentlich im Sterbebuch fest. Unter ihnen befand sich der Lienzer Friedrich Eder, der, wie der Osttiroler Bote berichtete, früher ein sehr bekannter Musiker gewesen sei, auf der Titanic gespielt und den Untergang des Passagierschiffs am 14. April 1912 überlebt habe.

2003 veröffentlichte die Zeitung eine weitere tragische Facette des Zugunglücks. Die Tochter des dortigen Bahnwärters hatte von ihrer Mutter erfahren, dass der Vater die Schäden am Damm gesehen und die zuständige Stelle in Lienz informiert hatte. Die Warnung sei jedoch in den Wind geschlagen und der Bahnwärter zum Sündenbock gemacht worden. Er wurde verhaftet und an die Ostfront geschickt, von wo er nicht zurückkehrte. Die Tochter vermutete, man habe 1942 wohl einfach einen unliebsamen Zeugen beseitigen wollen.

50 Jahre nach dem tragischen Unglück fand eine Gedenkmesse statt, und die Gemeinde Nikolsdorf errichtete an der Drau einen Granitstein. Auf der Erinnerungstafel stehen die Namen jener Toten, die der Pfarrer seinerzeit notiert hat.

Adresse Abzweig Schotterwerk Schmidl, Deponie Lavant, 9782 Nikolsdorf | **ÖPNV** Bahn Rex, S1, Haltestelle Nikolsdorf Bahnhof | **Anfahrt** B100 Drautalstraße Richtung Nikolsdorf, beim Schild Schotterwerk Schmidl/Deponie Lavant rechts abzweigen, bei der Brücke parken, circa fünf Minuten Fußmarsch auf der orografisch linken Seite der Drau Richtung Osten | **Tipp** Der Drauradweg beginnt in Toblach (Südtirol) und führt durch Osttirol bis nach Maribor in Slowenien. Er gilt als einer der schönsten Fernradwege und trägt das Qualitätssiegel Fünf Sterne des Allgemeinen Deutschen Fahrradclubs ADFC.

76 Das Hotel Tschitscher

Mit dem Kanonenrohr geschossen, niemand tot

Beim Tschitscher in der Stube werden Befreiungspläne geschmiedet. Andreas Hofer, von französischen Soldaten im Jänner 1810 auf der Pfandleralm im Südtiroler Passeiertal festgenommen und nach Mantua verbracht, droht die Todesstrafe. Der Nikolsdorfer Wirt Johann Tschitscher kennt den Sandwirt, der die Tiroler beim Aufstand gegen die bayerische Besatzung 1809 angeführt hatte. Er ist einer der Rädelsführer, wild entschlossen, das nötige Geld liegt bereit. Die italienischen Wachen sollen bestochen werden, um den »Ander« aus dem Gefängnis in Mantua freizubekommen und in Sicherheit zu bringen. In einem großen Fass versteckt, soll er alle Kontrollen bis nach Tirol passieren.

Wie wir wissen, kam es nicht dazu. Auf Befehl Kaiser Napoleons wurde Hofer am 19. Februar 1810 in Mantua exekutiert. Nicht die einzige Geschichte, die mit dem historischen Gasthaus Tschitscher in Nikolsdorf verbunden ist. Die Grundmauern stammen zwar aus dem 15. Jahrhundert, sein heute fast noch zur Gänze erhaltenes bauliches Gesicht erhielt der Tschitscher allerdings bei der Errichtung 1672. Im selben Jahr bekam Johann Baptist Grevi-Tschitscher auch die Gerechtsame, Branntwein auszuschenken. Das Postgasthaus verfügte über eine Pferdewechselstation und eine eigene Bierbrauerei.

Im Zuge des touristischen Aufschwungs benannte der neue Besitzer Gottfried Mayr-Hassler die Wirtschaft in »Gasthaus zum Goldenen Stern« um und errichtete zusammen mit anderen Nikolsdorfern ein Schwimmbad im Ort. Sein Nachkomme Dieter Mayr-Hassler und seine Frau Heidi adaptierten das geschichtsträchtige Haus als Buch- und Spielehotel. Ein besonderes Gustostückerl steht im Gang. Es handelt sich um eine rund 150 Jahre alte Tischkegelbahn, deren Hersteller einen etwas eigenwilligen Humor an den Tag legte. Die Kugeln kommen nämlich aus einer Minikanone geschossen. Feuer frei also nach dem Motto: Kegel getroffen, niemand tot.

Adresse Nikolsdorf 21, 9782 Nikolsdorf | ÖPNV Bus 940, 941, Haltestelle Gemeindeamt | Anfahrt B100 Drautalstraße Richtung Nikolsdorf, Abzweig Nikolsdorf Zentrum | Öffnungszeiten auf Anfrage zu besichtigen, Kontakt: info@spielehotel.at, Infos unter www.spielehotel.at | Tipp Wer weiter auf den Spuren des Befreiungskampfs der Tiroler wandeln möchte, schaut sich das Denkmal Chrysanthener Schanze im Ortsteil Nörsach an. 1797 rückten französische Truppen von Oberdrauburg Richtung Nikolsdorf vor. Tiroler Schützenverbänden gelang es fintenreich, die Feinde abzuwehren.

77 Der Leitersteig

Ein bisschen Herzflattern am langen Seil

Der Weg ist leicht zu finden. Vor dem Bahnhof Nikolsdorf in den Feldweg abzweigen, über die Holzbrücke marschieren und links dem markierten Weg »Zabarot-Jägersteig« folgen, in der Gegend schlicht Leitersteig genannt. Der Weg führt erst einmal durch den Wald fast senkrecht nach oben. Soll gleich jeder wissen, dass hier Kondition gefragt ist. Dass auch Trittsicherheit und Schwindelfreiheit gut wären, zeigen bereits die ersten mit Seilen und Holzplanken gesicherten Stellen. Beherzt lassen sich auch diese Passagen meistern. Die schwierigsten Stellen des Leitersteigs sind mit Leitern zu überwinden, die früher aus Holz und heute aus Metall gefertigt sind.

Von Anfang an war der Leitersteig nicht für Genusswanderer, sondern für Bergsteiger gedacht, die die Herausforderung lieben. Errichtet wurde er Ende des 19. Jahrhunderts von ein paar Tourismuspionieren in Nikolsdorf, die den Alpinisten eine besondere Attraktion bieten wollten – auf ihrer Tour zum Hochstadelhaus und eventuell weiter zum Hochstadel, dem Hausberg von Nikolsdorf. Dessen Gipfel liegt auf 2.681 Metern Seehöhe, und die Nordwand gilt heute als Eldorado für Kletterer.

Der Weg ist gut gesichert und markiert, verlaufen kann man sich nicht. Dennoch: Wer bereits ein mulmiges Gefühl hat, wird die desolate Bank, die im Waldstück hoch über dem Tal steht, noch ignorieren, auch das bunte Kreuz, das schon mit einem Baumstamm verwächst. Bei der Tafel aber, die angibt, dass hier 1990 eine Bergwanderführerin zu Tode kam, wird er ins Grübeln geraten. Der Anblick des nächsten Abschnitts – er besteht aus einer Felskante, die sich wie eine hervortretende Ader von der fast senkrecht abfallenden Wand abhebt – wird diesen Wanderer davon überzeugen, dass es besser ist, den Leitersteig weiterhin den Alpinisten zu überlassen, den Rückzug anzutreten und dafür beim Abstieg das prächtige Panorama zu genießen, ganz ohne Herzflattern.

Adresse nahe Bahnhof Nikolsdorf, 9782 Nikolsdorf | ÖPNV S1, Rex, Haltestelle Nikolsdorf Bahnhof | Anfahrt B100 Drautalstraße, kurz vor dem Bahnhof Nikolsdorf rechts in den Feldweg abzweigen, kleine Parkmöglichkeit, über die Brücke, Markierung »Zabarot-Jägersteig« folgen | Tipp Wer geländesicher und schwindelfrei ist und damit den ganzen Aufstieg schafft, verbindet die herausfordernde Begehung des Leitersteigs mit einem Besuch des Hochstadelhauses (Gehzeit circa 3,5 Stunden).

78 Die Zwickelfüllung

Eine Königin bettet sich auf Restmüll

Seit 1956 ist Schloss Lengberg im Besitz des Landes Tirol, seit damals hier das Aufbauwerk untergebracht war, eine Einrichtung, die sich der sozialen Jugendarbeit widmet. 2008 begann eine groß angelegte Sanierung der Anlage, bei der schier unglaubliche Kostbarkeiten ans Licht kamen. Als besonders ergiebig erwies sich ein Gewölbezwickel. Er befand sich direkt unter jenem Zimmer, in dem in den 1930er Jahren Wilhelmina, Königin der Niederlande, und ihre Tochter Juliana genächtigt hatten. Auf Einladung eines holländischen Bankiers, dem das Schloss damals gehörte, verbrachten die beiden mehrmals die Sommerfrische in Lengberg.

Die Hohlräume des Rundgewölbes waren bei einem Umbau vor rund 600 Jahren mit »Gerümpel« gefüllt worden. Die königlichen Hoheiten hatten sich also sozusagen auf Restmüll gebettet. Bei dessen Entdeckung war das eine um das andere Stück eine Sensation, so etwa der älteste Strohhut Tirols, das Exemplar einer Einhandflöte und kolorierte Spielkarten. Dazu Textilteile, die einem modernen BH ähneln. Was bedeutete, dass die Geschichte der Unterwäsche neu geschrieben werden musste, nicht mehr Herminie Cadolle beziehungsweise Mary Phelps Jacob als dessen Erfinderinnen gelten konnten. Insgesamt förderten die Arbeiter nicht nur 25 Kubikmeter Schutt zutage, sondern auch 40.000 Objekte, die das Herz jedes Archäologen schneller schlagen lassen.

Das Zimmer, in dem die königlichen Damen in den 1930er Jahren nächtigten, dient dem Aufbauwerk heute als Lehrsaal.

Um den sensationellen Fundort sichtbar zu machen, wurde der Boden an dieser Stelle verglast. Will man in die Geschichte blicken, werden Tische und Stühle beiseitegeschoben. Der Zwickel ist Teil des Deckengewölbes der Küche. Die Gegenstände selbst befinden sich zu Untersuchungen an der Universität Innsbruck. Geplant ist, auf Schloss Lengberg ein Museum einzurichten und die schönsten Stücke dort zu präsentieren.

Adresse Lengberg 1, 9782 Nikolsdorf-Lengberg | ÖPNV Bus 940, 941, Haltestelle Lengberg | Anfahrt B100 Drautalstraße Richtung Nikolsdorf, Abzweig Lengberg, links Abzweig Schloss Lengberg, Beschilderung folgen | Öffnungszeiten Besichtigung der Räumlichkeiten nur auf Anfrage, Kontakt: office@nikolsdorf-aufbauwerk.at, Infos unter www.schloss-lengberg.at | Tipp Der Dachboden von Schloss Lengberg beherbergt die zweitgrößte Tiroler Fortpflanzungskolonie der streng geschützten Kleinen Hufeisennase. Die Beleuchtung des Schlosses ist so abgestimmt, dass das Dach im Dunkeln bleibt, die nachtaktiven Fledermäuse nicht gestört werden.

79 Der Luftschacht

Einige Tropfen Arsen ohne Spitzenhäubchen

Eine Wanderung auf die Rabantalm heißt eintauchen in die Bergbaugeschichte. Erste Schürfungen fanden hier bereits um 1524 statt, die letzten Hunde verließen den südwestlich der Rabantalm gelegenen Hermannstollen in den 1950er Jahren.

Der Barbarastollen verlief unter dem Almgebiet von Rabant durch den Berg nach Zwickenberg auf der Kärntner Seite. Nach der Stilllegung der Anlage fanden Forscher im Wasser des Hermannstollens Spuren von Arsen. Er ist längst verschüttet. Selbst die einstige Öffnung lässt sich nur noch ausmachen, wenn man in Begleitung des Nörsachers Adalbert Eder ist. Wie kein anderer kennt er die Geschichte des Bergbaus auf Rabant. Die Holzhütte unterhalb der Alm fungierte früher als Knappenunterkunft. Im Wald finden sich die ehemaligen Winkelstationen der Bahn, mit der das Material ins Tal befördert wurde. In einer Senke steht ein kleiner Schuppen, der den Knappen als Schmiede diente, davor ein großes Reinigungsbecken aus Beton. Wenige Meter weiter bricht das Gelände fast senkrecht ab. Nicht minder abenteuerlich die stark ramponierte Holzleiter im Südwesten der Blockhütte, die zu einem Verbindungsstollen zwischen Hermannstollen und der »Waschanlage« führt. Die Trasse, auf der die Schienen früher verliefen, überwuchern längst Gräser und Sträucher.

Das wohl erstaunlichste Überbleibsel des ehemaligen Bergwerks befindet sich etwas unterhalb der Rabantalm auf der Weide. Zwar fällt einem vielleicht der Zaun auf, der die hohen Bäume umgibt. Seine tatsächliche Funktion aber bliebe einem verborgen, selbst wenn man sich den Flecken genauer anschaut. Wo heute ein kleiner, modriger Tümpel umgeben von Gestrüpp liegt, öffnete sich einst der Luft- beziehungsweise Notschacht des Barbarastollens. Er ging circa 80 bis 90 Meter in die Tiefe und war mit Zwischenpodesten ausgestattet. Die Einzäunung dient dem Schutz von Mensch und Tier.

Adresse Rabantalm, 9782 Nikolsdorf-Nörsach | **ÖPNV** Bus 940, Haltestelle Nörsach, circa eindreiviertel Stunden gemütliche Wanderung | **Anfahrt** B100 Drautalstraße Richtung Nikolsdorf, Abzweig Nikolsdorf, weiter Richtung Nörsach, in Nörsach Richtung Kirche, kleiner Parkplatz, circa 1,5 Stunden gemütliche Wanderung | **Öffnungszeiten** Betreten des Geländes auf eigene Gefahr | **Tipp** 2015 fand im Bereich Barbara-Stöckl, direkt an der Grenze zu Kärnten, das erste Grenzfestl am Rabant statt, veranstaltet von den Freiwilligen Feuerwehren Zwickenberg und Nikolsdorf. Das Fest wird in regelmäßigen Abständen wiederholt.

80__Der Glocknerkreis

Es kreiselt nur mit Gebrauchsanleitung

Gut Ding braucht Weile. Als der Glocknerkreis am 27. November 2018 offiziell eröffnet wurde, hatte Osttirol seinen ersten zweispurigen Kreisverkehr. Mit 55 Metern Durchmesser ein ordentlicher Teller. Alle hofften, der Verkehr würde nun optimal abgewickelt, nicht mehr stocken. Keine Staus mehr zu Stoßzeiten. Der Clou: Die Außenspur sollte jeweils für die nächste Ausfahrt reserviert sein und der Verkehrsfluss dadurch beschleunigt werden.

Mit dem Glocknerkreis nun also alles im Fluss? Weit gefehlt. Wenige Tage später vermeldete die Lokalpresse, Augenzeugen würden aufgeregt von Falschabbiegern, gar Geisterfahrern berichten. So zweigten offensichtlich einige einfach nach links auf die innere Fahrspur, andere ignorierten die durchgezogene weiße Linie und scherten aus.

Der größte Haken: Die Fahrer müssen sich schon vor der Auffahrt in den Kreisverkehr richtig einordnen, um bei der gewünschten Ausfahrt rauszukommen. Dem Kreisel, vom Land Tirol als »Tirols erster Turbo-Kreisverkehr« beworben, drohte ein Desaster, und das obwohl vorab in einer groß angelegten Infokampagne eine »Gebrauchsanleitung« für den Glocknerkreis geliefert worden war. Süffisant hieß es im Online-Magazin dolomitenstadt.at: »Immerhin haben die Einwohner des Bezirkes den einzigen Kreisverkehr Österreichs mit einer offiziellen Gebrauchsanweisung vor der Nase – was Rückschlüsse auf die behördliche Einschätzung der lokalen Verkehrsteilnehmer zulässt.« Viele sahen sich an die Schwierigkeiten erinnert, die es rund 20 Jahre vorher beim ersten Kreisverkehr Osttirols, dem am Mitteregger Kreuz nordwestlich von Lienz, gegeben hatte. Mittlerweile hat sich die ganze Sache eingependelt. Nur einige wenige sehen den durchgängigen weißen Streifen immer noch als rein dekoratives Element. Ein geschmeidiges Fließen ist in Stoßzeiten dennoch nicht zu vermerken, eher etwas von zäher Masse.

Adresse nahe Glocknerstraße 1 (Interspar Hypermarkt) Nußdorf-Debant, 9990 Nußdorf-Debant | **ÖPNV** Bus 940, 942, Haltestelle Glocknerkreuzung | **Anfahrt** B100 Drautalstraße Richtung Nikolsdorf, im Kreisverkehr auf B107 Glocknerstraße Richtung Nußdorf-Debant, Abzweig Fachmarktzentrum | **Tipp** Bei Diogenes (Glocknerstraße 4) macht allein schon das Riesenfass neugierig auf den Inhalt. Hier bekommen Schnapsbrenner alles, was es fürs Brennen braucht, und Freunde des Hochprozentigen ausreichend Möglichkeit zum Verkosten.

81 Das Krumpriesenbrünnl

Von krummen Riesen keine Spur

Sie kommen aus Kärnten und Salzburg, aus dem Bezirk sowieso, um Wasser in Flaschen oder Kanister abzufüllen. Die einen schreiben ihm heilende Kräfte zu, eine Wirkung wie den Quellen von Lourdes, die anderen sagen, es sei linksdrehend und daher besonders bekömmlich. Wiederum andere finden, es schmecke einfach nur ausgezeichnet. Tatsache ist: Das Wasser aus dem Krumpriesenbrünnl in der Einfangaue in der Gemeinde Oberlienz ist ein wirklich vorzügliches. Schmeckt anderes, in Behältnisse abgefülltes Wasser nach wenigen Tagen schal, behält dieses wochenlang seine Frische.

Früher, erzählt Bauer Peter Schneeberger, vulgo Zeiner, sei man beim Heuen in der Aue auf der anderen Iselseite einfach zum Brünnl gegangen, habe Wasser in ein »Panzele« gefüllt, um den Durst zu löschen. Ein Wegkreuz sei an dieser Stelle allerdings immer schon gestanden. Irgendwann entdeckten die Schnapsbrenner die Qualität dieses Wassers. Da es nicht kalkhaltig war, trübte es beim Brand nicht ein.

Das machte die Runde, und immer häufiger labten sich auch andere am Quellwasser. Die Familie Schneeberger, der das Areal gehört, zäunte das Krumpriesenbrünnl schließlich ein, um es vor Verunreinigungen durch das weidende Vieh zu schützen. Vor wenigen Jahren sanierte sie das Kreuz, und sie pflegt die Oase liebevoll. Um Menschen, die keinen Respekt vor fremdem Eigentum haben, die Grenzen klarzumachen, hängt seit einiger Zeit ein Schild mit der Aufschrift »Privatbesitz« am Zaun. Grundsätzlich aber dürfe sich jeder Wasser holen, betont Peter Schneeberger. Der Name Krumpriesenbrünnl hat übrigens nichts mit einem krummen Riesen zu tun. Der Brunnen heißt so, weil sich im Wald eine Riese, eine rutschbahnartige Rinne, für den Holztransport befand und diese oberhalb der Quelle eine Kurve machte – Krumme-Riesen-Brünnl also. Einfangaue heißt das Gebiet, weil hier die Tiere zusammengetrieben und eingefangen wurden.

Adresse Glanzer Aue, 9903 Oberlienz-Aue | **ÖPNV** Bus 954, Haltestelle Abzweig Glanz | **Anfahrt** B108 Felbertauernstraße Richtung Felbertauern, Oberlienz passieren, dann Abzweig Richtung Glanz über die Brücke, gleich danach parken und durch die lauschige Aue zum Brünnl gehen (circa 20 Minuten) | **Öffnungszeiten** Brünnl in Privatbesitz, aber zugänglich | **Tipp** Es bietet sich ein Abstecher zur Kapelle St. Wolfgang in Glanz an, von der aus es einen phantastischen Blick auf das Iseltal gibt. Im Gegensatz zu Oberlienz (keltisch) und Oberdrum (deutsch) ist der Ortsname Glanz slawischen Ursprungs und bedeutet so viel wie Hohlweg.

82 Der Unterpetererhof

Viel altes Metall um Haus und Wiese

»Das Leben ist schön!«, prangt in großen Metalllettern am Balkon, darüber zwei mächtige Glocken, darunter neben dem Stalleingang eine große Kuh mit spitzen Hörnern und neugierigem Blick. Sie setzt sich aus Hunderten Altmetallteilen zusammen: Nägel, Scharniere, Ketten, Hufeisen, Muttern. Ein Prachtvieh. »Wohl die wertvollste Kuh Osttirols«, schmunzelt Hans Baumgartner. Er ist Bauer und Künstler – beides durch und durch. Überall auf dem Gelände stehen Arbeiten von ihm: ein Tiroler Adler, dessen Flügel aus unzähligen alten Sensen bestehen, eine Pergola aus Hufeisen und anderen Metallstücken, ein Grill aus der Motorhaube eines alten Traktors gefertigt, eine Wetterhexe, die mit ihrem Holzstab verlässlich das Wetter anzeigt, auf den Wiesen hinter dem Wirtschaftsgebäude weitere Skulpturen, darunter ein begehbares Schneckenhaus aus Tuffstein, ein Ort der Ruhe.

Der Unterpetererhof ist nicht nur ein idyllischer Hof, mit Streuobstwiesen, urigen Bäumen, alten Gemäuern und viel Geschichte, sondern ein Ort der Kunst, ein Freilichtmuseum. Kunst und Natur fließen hier ineinander. Tatsächlich spürt jeder den besonderen Spirit, der hier herrscht. Und so haben Tochter Stefanie und ihr Mann Manfred den Hof Spiritbauernhof getauft. Die beiden gehen Hans seit einiger Zeit zur Hand, übernehmen mehr und mehr Aufgaben auf dem Hof, bauen das Wohngebäude innen um, für die Familie, aber auch um Gäste zu bewirten. Stefanie verarbeitet Obst und Gemüse zu Marmeladen, Aufstrichen, Kompott oder Antipasti. Neben Hühnern, Ziegen und Eseln kommen Mangalitza-Schweine in den Stall. Stefanie und Manfred probieren gern Neues aus, Weinbau zum Beispiel. Auf der Wiese hinter der Hofstelle hat Manfred versuchsweise Rieslingstöcke eingesetzt. Sie gedeihen prächtig. Es wird wohl bald Wein geben. Der Unterpetererhof – ein besonderer Platz, dessen Geist die Menschen ausmachen, die ihn bewohnen.

Adresse Oberdrum 2, 9903 Oberlienz-Oberdrum | **ÖPNV** Bus 954, Haltestelle Oberdrum/Baumgartner | **Anfahrt** B108 Felbertauernstraße Richtung Felbertauern, Abzweig Oberlienz, Kirchdorf, Abzweig Straße am Schleinitzbach Richtung Oberdrum, immer geradeaus, bis die Straße einen Knick macht, hier links Abzweig auf Feldweg | **Öffnungszeiten** Besichtigung auf Anfrage, Kontakt: info@spiritbauernhof.at, Infos unter www.spiritbauernhof.at | **Tipp** Der Bruder des Altbauern betreibt mit seiner Frau die Lienzer Hütte im Debanttal (herrliches Hochtal, phantastische Wanderung). Er ist ebenfalls leidenschaftlicher Schnitzer und Bildhauer, wie allein an der Gestaltung des Außenbereichs festzustellen ist.

83 Der Wurftisch

Und nächsten Sonntag wird gespendet

Das Helenenkirchl auf einer Kuppe über Oberlienz gilt den Menschen im Talboden als wichtiger Kraftort. Zahlreich die Sagen, die sich um das Kirchlein ranken, das 1308 erstmals urkundlich erwähnt wurde. Die Auferstehungsfeier, zu deren Anschluss der Mesner Brot an die Wallfahrenden verteilt, ist weit über die Region hinaus bekannt.

Außergewöhnlich an diesem Kirchlein sind nicht nur seine Lage und seine Aura. Der Kirchturm ist der einzige in Tirol, der mit Steinschindeln gedeckt ist. Die beiden Glocken gehören zu den ältesten Tirols. Wie bei anderen Kirchen in Osttirol findet sich hier noch etwas Spezielles: ein Wurftisch, auch Wurfstein genannt.

Es handelt sich dabei um einen gemauerten Tisch neben dem Kirchenportal, der von einem oder zwei ebenfalls gemauerten Sitzbänken flankiert wird. Auf einer Seite des Tischs, oft auch auf mehreren Seiten, gibt es eine Luke zu einem Hohlraum. Auf den Stein »warfen« die Kirchgänger Opfergaben wie Brot, Käse, Butter, aber auch Getreide und andere bäuerliche Produkte. Geld und Wertgegenstände legten sie meist in den Hohlraum unter dem Tisch.

»Auf dem Sitze daneben nimmt der Kirchenprobst seinen Platz ein, er nimmt die Opfergaben in Empfang und spricht dafür sein ›Vergelts Gott‹ aus«, heißt es 1892 in »Der Kunstfreund«. Der Schreiber beklagt darin, dass die jeweiligen Kirchenpatrone, die auf dem Wurftisch standen, gern etwas vernachlässigt aussahen. Die Wurfzeit begann mit der Frühmesse und dauerte bis zur Vollendung des Spätdiensts. Die Opfergaben wurden zum ortsüblichen Preis verkauft oder abgelöst, der Ertrag in der Kirchenkasse vermerkt. Damit niemand zu spenden vergaß, verkündete der Pfarrer den Wurftag am Sonntag davor von der Kanzel herab. Probst und Gläubige wussten dann, was zu tun ist. Allerdings nur in bestimmten Regionen Tirols, denn »die Sitte herrscht im Pusterthale, im Iselthale und in Oberkärnten«.

Adresse nahe Oberdrum 116, 9903 Oberlienz-Oberdrum | ÖPNV Regio Lienz 3, Haltestelle Thurn/Rottmann, der Bergstraße Richtung Rannenberg/Spitzenstein folgen, links auf den Friedensweg Abzweig (circa eine Stunde) | Anfahrt B108 Felbertauernstraße Richtung Felbertauern, Abzweig Oberlienz, Kirchdorf, Abzweig Straße am Schleinitzbach nach Oberdrum, weiter Richtung Prapperitze, kleiner Parkplatz, dem Friedensweg zu Fuß folgen (circa 40 Minuten) | Tipp Die prächtige Winterlinde beim Helenenkirchl ist ein Naturdenkmal. Darunter rasten, den Ausblick genießen, die besondere Atmosphäre des Orts aufsaugen und retour den Weg über den Helenensteig wählen.

84 Die Blasius-Kreuzer-Inschrift

Überraschende Ausweitung der Kampfzone

Als die Agrargemeinschaft Obertilliach Dorf mit Rodarm vor einigen Jahren im Tilliacher Dorfertal den Forstweg von Gofeagl in Richtung Schrofenwald verlängerte, legte sie kurz vor dessen Ende auch einen großen Stein frei, der die Inschrift »Kreuzer Blasius aus Lienz Tirol 1916-17« trug. Der Name war den Obertilliachern unbekannt, der Hintergrund der Inschrift lag im Dunkeln. Sogar die Familie von Blasius Kreuzer hatte erst bei einer Versammlung in Lavant von der Inschrift erfahren, wie Ortschronist Michael Annewanter in der Obertilliacher Gemeindezeitung festhielt.

Im Ersten Weltkrieg verlief ein Teil der sogenannten Dolomitenfront entlang des Karnischen Kamms zwischen Obertilliach und Kartitsch. Blasius Kreuzer (1879–1958) war Mitglied der Scheinwerfereinheit und im Dorfertal stationiert. Deren Aufgabe bestand darin, das gegenüberliegende Kampfgebiet, den Karnischen Kamm mit der Porzescharte, im Auge zu behalten, verdächtige Bewegungen zu registrieren, feindliche Stellungen auszuleuchten – und die eigenen Soldaten bei einem etwaigen Vormarsch mit Licht zu unterstützen. Außer ein paar kleineren Scharmützeln soll im Dorfertal allerdings nichts Nennenswertes vorgefallen sein, sich italienische und österreichische Seite gar freundschaftlich ausgetauscht haben. Blasius Kreuzer wollte seine Anwesenheit dort wohl einfach dokumentieren und meißelte seinen Namen in Stein.

Auf dem Karnischen Kamm ist eine Vielzahl an Relikten aus dem Ersten Weltkrieg zu sehen. Nach langen Vorarbeiten wurden zwischen Hochgränten (Kartitsch) und der Porze (Obertilliach) ausgewählte Objekte, Überreste von Stellungen und Baracken, aber auch Wege und Steige, die im Krieg genutzt worden waren, unter Denkmalschutz gestellt. Blasius Kreuzers Inschrift dürfte nicht der letzte Fund sein.

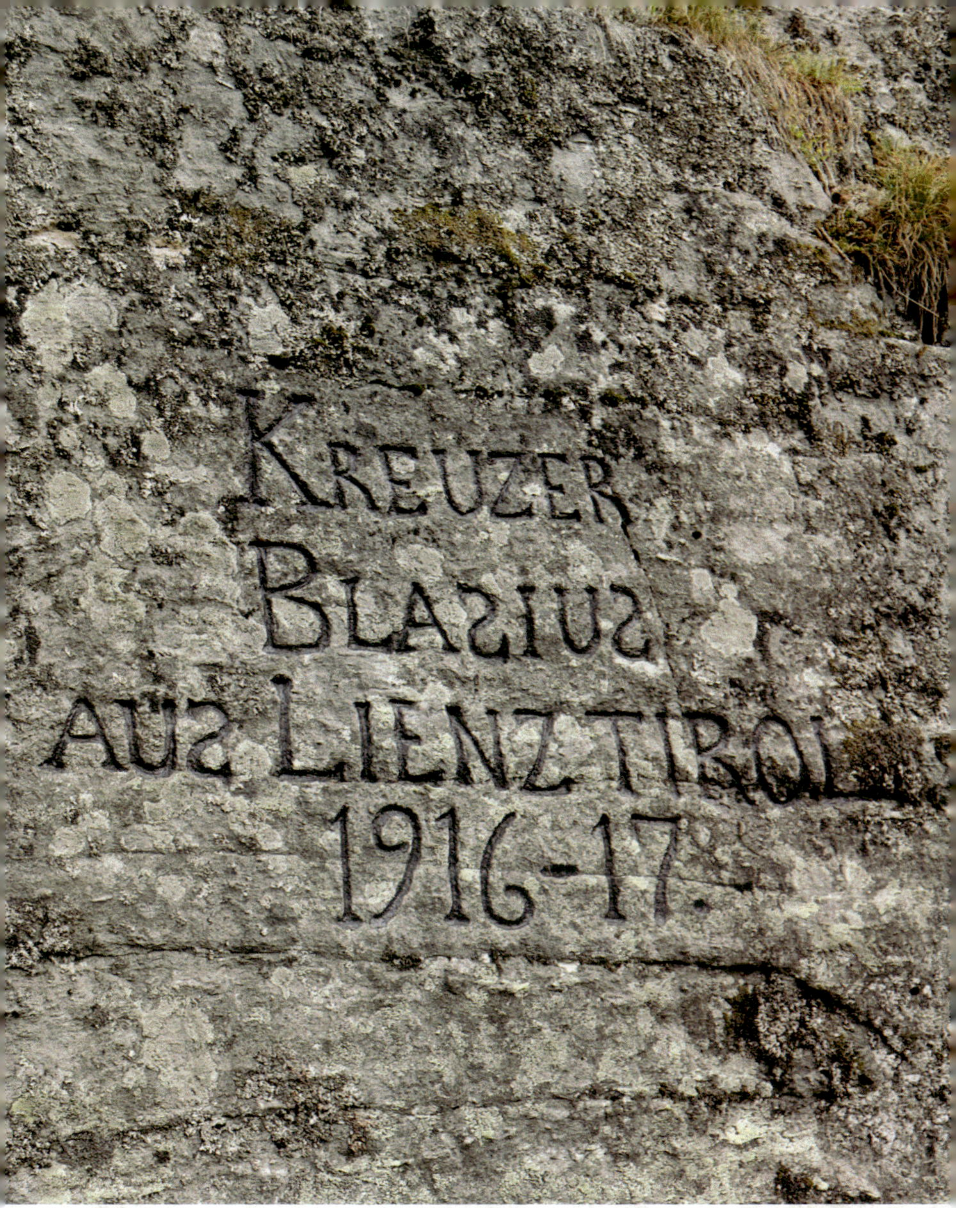

Adresse Dorfertal/nahe Klapfsee, 9942 Obertilliach | **ÖPNV** Bus 965, Haltestelle Gasthaus Weiler, Wanderung ins Dorfertal (siehe Anfahrt) gute zwei Stunden | **Anfahrt** B100 Drautalstraße Richtung Sillian, Abzweig B111 Tiroler Gailtal, Obertilliach, Abzweig Dorfertal, Forststraße bis Klapfsee (Parkmöglichkeit), den Fahrweg bis zur Kehre unter der Schaferhütte retourgehen und dem breiten Forstweg bergauf folgen, Stein kurz vor dessen Ende, circa eine Stunde Wanderung | **Tipp** Tradition hat das Klapffestl am Klapfsee. Es findet am ersten Sonntag im August statt und wird von der Volkstanzgruppe Obertilliach organisiert. Im Klapfsee lässt sich sommers baden.

85 Die Bond-Wiese

Feuer und Flamme für einen Stadel

Die Anfrage, die bei der österreichischen Filmkommission in Wien einging, war anonym: Man sei auf der Suche nach einem Gletscher samt Bergstation, einem idyllischen Bergdorf und einem See. Unter Geheimhaltung wurden Locations inspiziert und schließlich ausgewählt. Die Vorschläge, die an die Macher des 24. James-Bond-Films, Titel »Spectre«, gingen, schlugen ein. Altaussee, Gaislachkogel (Ötztal) und Obertilliach – Regisseur Sam Mendes und sein Team waren begeistert.

Mit »Spectre« kam die größte Filmproduktion nach Tirol, die das Land je gesehen hatte. Die 900-Seelen-Gemeinde Obertilliach war über Wochen im Ausnahmezustand. Für eine der spektakulären Szenen – Verfolgungsjagd durch winterliche Landschaft, bei der ein Stadel in Flammen aufgeht – wurde ein Ortsteil nachgebaut. Dass das Objekt von Sicherheitsleuten bewacht wurde, ließ die Gerüchteküche brodeln – bis hin zu: Wir sind hier unseres Lebens nicht mehr sicher.

Insgesamt standen in Obertilliach mehrere Drehorte im Fokus, das Skigebiet Golzentipp mit dem extra errichteten »Bond-Haus«, der Wald neben der Piste und natürlich der große historische Dorfkern, der die Produktionsfirma erst auf die Gemeinde in Osttirol gebracht hatte. Und die bekam einiges zu tun. Eine Zeltstadt samt Containersiedlung wuchs aus dem Boden, ein eigenes Verkehrskonzept musste erstellt und anlässlich der Dreharbeiten mussten Straßensperren errichtet werden.

Die Zusammenarbeit lief wie am Schnürchen, die Einwohner erhielten Einblicke, die anderen, etwa angereisten Journalisten, verwehrt blieben. Kaum war ruchbar geworden, dass Obertilliach Drehort sein würde, kamen die ersten Anfragen von James-Bond-Fanclubs, die bei den Dreharbeiten dabei sein und sich die Originalschauplätze anschauen wollten. Vom Stadel, der im Film spektakulär in die Luft fliegt, ist natürlich nichts mehr übrig. Das Ortszentrum aber ist und bleibt einmalig.

Adresse nördlich Bauernhof Obermaschler, 9942 Obertilliach | ÖPNV Bus 965, Gasthaus Weiler, circa 20 Minuten Fußmarsch Richtung oberes Dorfende | Anfahrt B100 Drautalstraße Richtung Sillian, Abzweig B111 Tiroler Gailtal, Obertilliach, parken unterhalb der Kirche, circa 15 Minuten Fußmarsch bis zum oberen Dorfende | Tipp Von hier aus schon gut zu sehen: Die Dächer von Obertilliach weisen historisch alle in eine Richtung. Ausreißer stammen aus jüngerer Zeit und werden von Denkmalschützern kritisch gesehen.

86__Der Nachtwächter

Do Homm'r and'r Uhr hot 12 g'schlogn

Helmut Egartner ist Österreichs einziger Nachtwächter. Wenn sein Dienst beginnt, wirft er sich den schweren Lodenmantel über, rückt seinen Hut gerade, nimmt die Hellebarde in die eine und die Laterne in die andere Hand und marschiert los. Dabei erhebt er immer wieder seine Stimme: »Loust auf ihr Hearn und Baurn und losst enk sogn, / do Homm'r and'r Uhr hot 12 Uhr g'schlogn, / gebt fleißig Acht auf Foir und Liacht, / damit ins insra liaba Frau behüat. / Hot 12 Uhr g'schlogn! Gelobt sei Jesus Christus.«

Der pensionierte Lkw-Fahrer erfüllt den traditionsreichen Dienst seit dem Jahr 2000. Er kennt die Namen der vier Nachtwächter vor ihm und kann einiges über die Geschichte der Nachtwächter in Tirol und überhaupt erzählen. Zweimal die Woche streift er durch die schmalen Gassen von Obertilliach. Führt eine Tradition weiter, die in alter Zeit über Leben oder Tod entscheiden konnte. Denn im Haufendorf Obertilliach kleben die Gebäude aneinander, und fast alle bestehen sie aus Holz. Nicht umsonst wurde es früher das »hölzerne Dorf« genannt. Brach ein Feuer aus, war rasch der ganze Ort in Gefahr. Und so zogen zu nachtschlafender Zeit die Männer um die Häuser, achteten auf Licht und Geräusche. Die Gefahrenquellen waren vielfältig: Kerzen, Öllampen, offene Feuerstellen gab es in jedem Haushalt. Anfang der 1930er Jahre bekam Obertilliach elektrischen Strom, die Tradition des Nachtwächters blieb bestehen.

Im Alten Dorf, erzählt Egartner, erhalte er auf sein »Gelobt sei Jesus Christus« noch manchmal ein »Amen« – so wie es sich von alters her gehört. Aber die Stimmen werden weniger. Das grämt ihn, auch wenn er das so nie sagen würde. Sein Rundgang ist heute eine Touristenattraktion. Egartner kehrt mit seinen Begleitern in den Gasthäusern ein. Und dennoch, wenn Egartner seinen Mantel überstreift, die Kerze in der Laterne entzündet und sich räuspert, dann erzählt er Obertilliacher Geschichte.

Adresse Treffpunkt/Start bei der Kirche, 9942 Obertilliach | ÖPNV Bus 965, Haltestelle Dorf | Anfahrt B100 Drautalstraße Richtung Sillian, Abzweig B 111 Tiroler Gailtal, Obertilliach, parken unterhalb der Kirche | Öffnungszeiten Infos zu den Touren des Nachtwächters beim Tourismusverband Obertilliach, Kontakt: obertilliach@osttirol.com oder unter www.obertilliach.at | Tipp Die Pläne für den Bau des Gasthauses Unterwöger stammen – wie die der Obertilliacher Pfarrkirche – vom »Priesterarchitekten« Franz de Paula Penz (1707–1772). In diesem geschichtsträchtigen Haus, mit eigener Landwirtschaft, lässt sich vorzüglich speisen.

87 Der Islitzer

»Is lei du, is – lei – Isl«

Manche Erzählungen leben von der Pointe. Der Schriftstellerin Fanny Wibmer-Pedit zufolge verdankt die Isel ihren Namen jenem Jäger, der sich als Erster in Hinterbichl niederließ. Als dessen Frau Hidula ihm in schlaftrunkenem Zustand einmal eine Nuss zwischen die Lippen schieben wollte, murmelte er: »Is lei du, is – lei – Isl« und schlief über dem letzten Wort ein. Hidula fand den Namen derart passend, dass sie den Bach Isl taufte.

So weit dürfte die Geschichte des Islitzer Hofs nicht zurückgehen. Der Wirt Bernhard Berger weiß zu berichten, dass beim Bau des Wirtschaftsgebäudes, das gleich neben dem Gasthaus liegt, ein Plattengrab zum Vorschein kam.

Eine Bestattungsform, die auf eine frühe Besiedlung des Orts durch die Illyrer verweist. Das älteste Haus in Prägraten stand unterhalb des Islitzer Hofs und wurde im Zuge des Straßenbaus nach Hinterbichl 1959 abgerissen. Der älteste Teil des Islitzer Hofs stammt aus dem frühen 17. Jahrhundert, wobei die erste urkundliche Erwähnung auf das Jahr 1190 zurückgeht. Damals gab es fünf Steuerpflichtige in Hinterbichl, der Islitzer war einer von ihnen. 1805 verunglückten der Islitzer-Bauer und seine beiden Söhne tödlich, die Witwe heiratete einen gewissen Steiner. Das Gasthaus eröffnete 1925, fünf Jahre später heiratete die einzige Tochter Gabriel Berger – der Vulgoname »Islitzer« blieb.

Die holzgetäfelte Stube ist nach Sebastian Islitzer benannt. Drei Mal soll der »Wast« übers Umbaltal ins Inntal gewandert sein, um beim Haller Damenstift eine eigene Pfarre für den Ort zu erwirken. Schmuckstück des Islitzer Hofs ist die voll funktionstüchtige Islitzer Mühle am Dorferbach, errichtet im 19. Jahrhundert. Sieben Hölzer finden sich in der Anlage: Fichte (Bau), Birke (alles, was mit dem Getreide zu tun hat), Eschenholz (Zapfen), Apfelbaumholz (Leger), Lärche (Dachschindeln), Elsbaum (Feder für den Getreidebeutel) und Zirbe (Truhe).

Adresse Hinterbichl 15, 9974 Prägraten am Großvenediger-Hinterbichl | ÖPNV Bus 951, Haltestelle Kraftwerk/GH Islitzer | Anfahrt B108 Felbertauernstraße Richtung Felbertauern, Abzweig Matrei, weiter Richtung Virgental, weiter Prägraten, Hinterbichl, Gasthaus Islitzer vor der Brücke über den Dorferbach | Öffnungszeiten im Sommer jeweils an zwei Wochentagen Führungen in der Islitzer Mühle, Infos zu den Terminen im Tourismusbüro Prägraten unter Tel. 050/212530 | Tipp Der kürzeste Aufstieg zum Großvenediger führt von Hinterbichl über die Johannishütte und das Defreggerhaus. Aufgrund der großen Gletscherschmelze musste das Gipfelkreuz des Großvenedigers auf den Westgrat verlegt werden. Der Gipfel liegt heute auf 3.657 Metern über dem Meer (vor 30 Jahren war die höchste Stelle noch auf 3.674 Metern).

88 Die Kochhütte

Felsschwammerl mit Steinstängel

Wer den Wasserschaupfad entlang der Umbalfälle hinaufsteigt, folgt einem »Natur-Kraft-Weg«, dem »ersten Wasserschaupfad Europas«, und natürlich ist der Andrang groß, der Wasserfall ein beeindruckendes Naturschauspiel, von lieblich bis tosend, von plätschernd bis krachend. Die Umbalfälle lassen einen die Macht des Wassers spüren. Idyllisch, aber eng präsentiert sich das Umbaltal nach den großen Schnellen und Stürzen. Noch gefangen von den Eindrücken, das Rauschen gewaltig im Ohr, regt eine Tafel an, das Naturschauspiel nachwirken zu lassen. Ein Leichtes.

Darüber sinnierend, ob man tatsächlich dem nächsten Vorschlag folgen soll, die Füße ins eiskalte Wasser zu hängen – »bis ich es vor lauter Kälte nicht mehr aushalte, schließe die Augen und bilde mir ein, die ganze Kraft dieses Baches und seiner Abstürze über die Füße in meinen Körper hereinzulassen … und ich fühle mich unglaublich stark dabei« –, übersieht man es beinahe.

Das halbrunde Steinhäuschen verschmilzt schier mit dem Hintergrund, zwängt sich wie ein Pilzstänger unter den massigen Felsvorsprung. Aus der Mauer ragt zart ein Kaminrohr, Fenster, Tür. Zaun drum herum. Davor wuchern große Sträucher und Bachpflanzen, die feuchte, kühle Erde lieben: Brennnessel, Farne, Sauerampfer. Ein Hexenhäuschen? Weit gefehlt. Schon in früheren Zeiten nutzten Jäger und Hirten diesen natürlichen Wetterschutz als Unterstand. Irgendwann kam den Nutzern die Idee, etwas Solideres zu schaffen, gebaut von Jägern auf dem Grund der Agrargemeinschaft Hintertösenwald. Die fixe Einrichtung brauchte natürlich eine baurechtliche Bewilligung.

Die sie bekam, weil sie als »Kochstatt« fungiert, wie der Bürgermeister von Prägraten weiß: Eine solche definiere sich als Tisch- und Feuerstatt. Will heißen, Jäger, Hirten und andere Nutzungsberechtigte dürfen hier rasten und kochen, nicht jedoch übernachten. Alsdann. Weiter geht's Richtung Clarahütte.

Adresse Umbaltal circa Höhe Beginn Umbalfälle, 9974 Prägraten am Großvenediger-Hinterbichl | ÖPNV Bus 951, Haltestelle Busparkplatz Ströden, circa eine Stunde Wanderung | Anfahrt B108 Felbertauernstraße Richtung Felbertauern, Abzweig Matrei, weiter Richtung Virgental, weiter Prägraten, Hinterbichl, Richtung Umbalfälle, Parkplatz Ströden (gebührenpflichtig), circa eine Stunde Wanderung | Öffnungszeiten nur von außen zu besichtigen | Tipp Folgt man auf dem Rückweg dem Wegweiser Großbachfall/Fahrweg, geht es linker Hand bald durch einen wildromantischen Felsspalt auf eine »Aussichtskanzel«. Der »Kissing Point« für Verliebte offenbart eine tolle Sicht auf den Großbachwasserfall.

89 Der Steinbruch

Zwei grüne Helden für alle Fälle

Der eine ist matt, spröde, fast schieferig, von zartem Hell- oder fast Lindgrün mit glitzernden Tupfern und liegt leicht in der Hand. Der andere ist kompakt, schwer, kühl, von einem tannenfarbenen, fast ins Bläuliche kippenden Grundton und von hellen Adern durchzogen. Beide machen sich gut als Bodenbelag, als Wandverkleidung, als Material, das sich unter den Händen von Bildhauern in Kunstwerke verwandelt. Die Rede ist vom Dorfergrün und vom Tauerngrün.

Die zwei Natursteine finden sich im Dorfertal, das im Ortsteil Hinterbichl abzweigt. Beide werden dort von der Firma Lauster Naturstein abgebaut, seit 1962 das Tauerngrün, seit 1994 das Dorfergrün. Die Steinbrüche – der eine direkt gegenüber dem Wanderparkplatz Johannishütte, der andere unweit der Schutzhütte selbst – wirken wie riesige, in den Berg gemeißelte oder aus ihm herausgeschnittene Skulpturen, je nachdem, wie man es sehen will. In natura ist der Chloritgneis Dorfergrün gräulich schwarz marmoriert, seine feine Persönlichkeit entfaltet er im geschliffenen Zustand. Dann changiert er ins Olivgrüne, das Silikat Epidot liefert die gelblichen Einsprengsel. Der Serpentin Tauerngrün mit seinen weißen bis weißgrünen Calcitadern, die sich mal dünner, mal dicker durch den dunklen Stein schlängeln, ist selbst poliert markig, dominant, kühl. Beide sind vielseitig einsetzbar, farbecht, extrem robust, unempfindlich gegen Witterungseinflüsse – ideal für Gebäude, innen und außen, und für Skulpturen.

»Wer durch den neuen Wiener Hauptbahnhof spaziert, geht über 100 Prozent Hinterbichl«, sagt der Bürgermeister von Prägraten stolz. Wer die Großglocknerstraße befährt und auf der Franz-Josephs-Höhe die große, von Johann Weyringer gestaltete Skulptur »Wellenberg« besteigt, marschiert über Dorfergrün und Tauerngrün. Die Beispiele, bei denen die beiden Steine aus dem Dorfertal überall zu finden sind, ließen sich schier endlos fortsetzen.

Adresse Dorfertal, 9974 Prägraten am Großvenediger-Hinterbichl | ÖPNV Bus 951, Haltestelle Kraftwerk/GH Islitzer, zu Fuß Richtung Johannishütte | Anfahrt B108 Felbertauernstraße Richtung Felbertauern, Abzweig Matrei, weiter Richtung Virgental, weiter Prägraten und Hinterbichl, Abzweig Dorfertal (Beschilderung Steinbruch Lauster) bis zum Wanderparkplatz Johannishütte, zum Serpentinsteinbruch circa eine Stunde Fußweg | Tipp Vom oberen Steinbruch kann man bis zur Johannishütte weiterwandern. Seinen Namen verdankt das 1870 errichtete Schutzhaus Erzherzog Johann von Österreich, der den Bau finanziell unterstützte.

90__Das Wasserrad

Ein Rad dreht sich für die Clarahütte

Die Clarahütte, benannt nach der Frau des Prager Kaufmanns Prokop Edler von Ratzenbeck, liegt auf 2.038 Metern im Umbaltal. Umgeben von mehreren 3.000ern, ist sie beliebter Ausgangspunkt für anspruchsvolle Bergtouren. 1872 errichtet, wurde sie immer wieder von Lawinen beschädigt, zuletzt 2012. Bei der darauf folgenden Renovierung erweiterte die Sektion Essen des Deutschen Alpenvereins die Hütte um Zimmer und Sanitäranlagen in den Hang hinein. Eine etwaige Lawine geht nun darüber hinweg. Ins Auge sticht – neben der im Vergleich zu anderen Schutzhütten geradezu winzigen Ausführung – das Wasserkraftwerk am Bach. Es wird von einem Mühlrad angetrieben.

Mit den Umbaumaßnahmen betraute die Sektion Essen den Innsbrucker Architekten Klaus Mathoy. Sämtliche Arbeiten erfolgten unter ökologischen Gesichtspunkten: Einsatz von heimischen Hölzern, Dämmung mit Schafwolle, Kies und Schotter aus dem Bach. Zentrales Thema war darüber hinaus eine ökologisch nachhaltige Energiegewinnung. Bis zum Umbau hatten die Hüttenwirte mit Dieselgeneratoren und Gasgeräten gearbeitet. Die Isel führte zwar genügend Wasser, doch ein »klassisches« Kraftwerk im Nationalpark Hohe Tauern zu errichten war nicht möglich. Das lenkte den Blick auf alternative »Energielieferanten«. Nun steht wenige Schritte von der Hütte entfernt ein zwei Meter breites Mühlrad mit 4,2 Metern Durchmesser. Das für den Antrieb benötigte Wasser wird über einen Waal geführt und fließt anschließend wieder in die Isel. Laut Berechnungen der Betreiber erzeugen 500 Liter Wasser pro Sekunde rund zwölf Kilowatt Energie. Der so gewonnene Strom heizt in der Nacht die Wassertanks auf und liefert am Tag Brauchwasser für Duschen und Heizung. Zusätzliche Energie kommt über eine Fotovoltaikanlage auf dem Dach. Seit der Sanierung erfüllt die Clarahütte den Passivhausstandard. 2014 erhielt sie den Tiroler Sanierungspreis.

Adresse Umbaltal, 9974 Prägraten am Großvenediger-Hinterbichl | **ÖPNV** Bus 951, Haltestelle Busparkplatz Ströden, circa drei Stunden Wanderung | **Anfahrt** B108 Felbertauernstraße Richtung Felbertauern, Abzweig Matrei, weiter Richtung Virgental, weiter Prägraten, Hinterbichl, Richtung Umbalfälle, Parkplatz Ströden (gebührenpflichtig), circa drei Stunden Wanderung | **Tipp** Konditionsstarke und gletschererfahrene Berggeher wandern von der Clarahütte weiter bis zum Umbalkees, der sich leider, wie viele andere Gletscher, zurückzieht. Hier entspringt die Isel.

91 Die Wiener Sängerknaben

Wo die jungen Stimmen sich erholten

Hinterbichl, dank des Großvenedigers und einiger anderer 3.000er schon früh im Fokus von Alpinisten, zog auch Sommerfrischler an. Über Jahrzehnte war das Gasthaus Wiener Sängerknaben eine der ersten Adressen im Ort.

Josef Schmitt, Rektor der Wiener Sängerknaben, setzte sich für den Bau einer Straße von Matrei nach Prägraten ein, die 1928 bis 32 errichtet wurde – nicht zuletzt, weil er den Ort für ein besonderes Projekt auserkoren hatte. 1930 eröffnete er das Hotel Wiener Sängerknaben in Hinterbichl. Es hatte 150 Betten und bekam eine Metzgerei, eine Bäckerei und ein E-Werk dazu. Die Einnahmen aus dem Hotel flossen in das Wiener Institut und finanzierten so die Ausbildung der Sängerknaben mit. Die Sommer verbrachten sie in Hinterbichl. Dafür baute Schmitt ein eigenes Heim, das Bubenhaus, das mit dem Gasthaus über einen Gang verbunden war. Die Burschen festigten hier ihr Repertoire und probten neue Stücke. Sie sangen Messen in der Kirche, und abends gaben sie Konzerte für die Hotelgäste. In den 1960er Jahren kaufte Pfarrer Leo Eisen aus Mönchengladbach die Anlage, das Gasthaus erhielt den Namen Niederrhein. Mit seinem karitativen Ferienhaus ermöglichte er Familien und Jugendlichen aus dem Rheinland einen Urlaub in den Bergen. Nach einem Brand wurde das Bubenhaus 1994 neu errichtet und bestand bis 2006. Das Hotel schloss im Jahr 2000.

2013 kaufte Ulrich Drewitz die Anlage und baute das Bubenhaus zum Natur-Resort Heimat um. Wo einst das Hotel Wiener Sängerknaben stand, stehen nun Holz-Chalets. Die bedeutende Geschichte ist dennoch sicht- und spürbar: Links des Hoteleingangs prangt eine Tafel, die Josef Schmitt als Pionier des Fremdenverkehrs in Prägraten würdigt. Im Haus hängen historische Fotografien. Und hinter der Anlage, leider nicht frei zugänglich, befindet sich jener Stein, auf dem die Sängerknaben gern herumturnten, sich sonnten und fotografieren ließen.

Adresse Natur-Resort Heimat, Hinterbichl 10, 9974 Prägraten am Großvenediger-Hinterbichl | **ÖPNV** Bus 951, Haltestelle Kraftwerk/GH Islitzer | **Anfahrt** B108 Felbertauernstraße Richtung Felbertauern, Abzweig Matrei, weiter Richtung Virgental, weiter Prägraten, Hinterbichl, Abzweig Natur-Resort Heimat | **Öffnungszeiten** von außen zu besichtigen | **Tipp** Wer es nicht gemächlich mag, sich seine Marende verdienen will, der wandert nicht über den Weg im Tal, sondern über die Kohlröserlwiese (Beschilderung Stockachalm folgen) zur Pebell- beziehungsweise Islitzeralm in Ströden.

92__Die Wiesbauerspitze

Der steinige Gipfel für eine Wurstmarke

Wer weiß, wie viele sich schon unter das Kreuz gestellt, den »richtigen« Bildwinkel gewählt und dann auf den Auslöser gedrückt haben? Aber in Zeiten von gefühlten Wahrheiten, stichhaltigen Gerüchten und Fake News, von Facebook und Instagram ist so gut wie alles möglich. Auch zu suggerieren, man stünde auf dem echten Gipfel unter dem echten Kreuz. Unweit des Parkplatzes in Ströden erhebt sich auf einem kleinen Felsen die Kopie des Kreuzes, das auf der Wiesbauerspitze prangt. Wenige Schritte und sie ist – sozusagen – erreicht.

Die Wiesbauerspitze hieß früher Mullwitzkogel. 2007 beschloss der Gemeinderat von Prägraten, sie umzubenennen. Dafür bewarb der nun namengebende Wiener Wurstproduzent das Bergsteigerdorf auf seinen Erzeugnissen, inklusive Gewinnspiel und Urlaubstipp. Die passende Wurstspitze gab es ebenfalls. Die Aktion brachte dem Wursterzeuger und der Gemeinde internationale Aufmerksamkeit, aber auch Häme ein. Von einem »gekauften Berg« war die Rede, vom »Ausverkauf der Berge«. Die Akteure ließen sich nicht beirren und legten im Jahr darauf nach: Der Weg zur Wiesbauerspitze sollte »vernünftig wanderbar«, das letzte Drittel dahingehend verbessert werden. Und wie es sich gehört, folgte eine »Erstbegehung«.

Die Wogen um den Gipfel glätteten sich wieder. Doch als 2011 ruchbar wurde, die Bundesimmobiliengesellschaft wolle zwei Berge in Kartitsch verkaufen, Schnäppchenjäger hätten sich bereits angemeldet, gingen sie wieder hoch. Viele sahen den Großen Kinigat und den Roßkopf schon den Namen einer Softwarefirma tragen, eines Süßwarenherstellers oder eines Bauunternehmens. Der Tiroler Landeshauptmann sprach von einer Schnapsidee, die Aktion wurde abgeblasen. 2018 feierte man in Prägraten zehn Jahre »Wurstberg«. Im Zuge dessen konstatierte der (neue) Bürgermeister, dass früher vielleicht 30, heute aber 2.000 bis 3.000 Menschen auf die Wiesbauerspitze gingen.

Adresse nahe Parkplatz Ströden, 9974 Prägraten am Großvenediger-Hinterbichl | **ÖPNV** Haltestelle Busparkplatz Ströden, circa fünf Minuten Richtung Umbalfälle | **Anfahrt** B108 Felbertauernstraße Richtung Felbertauern, Abzweig Matrei, weiter Richtung Virgental, weiter Prägraten, Hinterbichl, Richtung Umbalfälle, Parkplatz Ströden (gebührenpflichtig), circa fünf Minuten Richtung Umbalfälle | **Tipp** Wer unter dem richtigen Gipfelkreuz stehen will: Die Wiesbauerspitze ist vom Standort aus in rund 4,5 Stunden zu erreichen. Wem ein Blick auf die Spitze reicht: Auf dem Weg zur Clarahütte weist ein Schild auf diese hin.

93 Der Lawinenbrecher

Der Lawine die Betonzähne zeigen

Sieben Jahre dauerte es, dann stand die Lawinenanbruch-Verbauung, standen Lawinenauffang- und -ablenkdämme, Mur- und Lawinenbrecher. Und der Timmelbach, der durch Prägraten fließt, war seiner Macht beraubt, über 80 Gebäude aus der Lawinenzone genommen. Die Gefahr für den Ort lauert auf 2.000 Metern Höhe, und sie war über Jahrzehnte omnipräsent. Die Timmelbach-Lawine gilt als schlafende Lawine, sie kommt selten, dafür umso zerstörerischer. 1951 drang sie mitten ins Dorf vor, begrub die Kapelle St. Antonius, tötete eine darin betende Frau und zerstörte zahlreiche Häuser. Der Timmelbach selbst führt bei Starkregen zu Vermurungen. Nach den letzten Überschwemmungen begann im Jahr 1967 die erste große Verbauung des Gewässers, Teile von St. Andrä blieben trotzdem in der roten Zone.

Bei den zwischen 2012 und 2019 durchgeführten Bauarbeiten wollte die Wildbach- und Lawinenverbauung Gebietsbauleitung Osttirol auf Nummer sicher gehen. Sie errichtete mehrere Schneebrücken aus Stahl und zwei Auffangdämme. Dazu kam ein Geröll- und Lawinenbrecher aus Stahlbeton beim Schwemmkegelhals, am oberen Ende des Geröllfelds, das sich im Laufe der Zeit durch die Ablagerungen des Bachs gebildet hatte. Der Lawinenbrecher ist das Herzstück der Anlage. Seine Aufgabe besteht darin, die Timmelbach-Lawine auszubremsen, bei Muren die großen Elemente wie Steine und Baumstämme zu stoppen. Die Auffangbecken fassen rund 70.000 Kubikmeter Material.

Die besondere technische Herausforderung: Der Lawinenbrecher muss den großen Kräften von oben standhalten und die durch das Tal laufende tektonische Bruchlinie aushalten. Da flossen nicht nur die Millionen, sondern auch die Superlative. Paris und Prägraten hätten nun eines gemeinsam, freuten sich die Verantwortlichen, sie verfügten beide über ein Bauwerk, das in Summe 10.000 Tonnen wiegt. In Paris ist es der Eiffelturm, in Prägraten der Mur- und Lawinenbrecher.

Adresse nahe St. Andrä 68, 9974 Prägraten am Großvenediger | **ÖPNV** Bus 951, Haltestelle Prägraten/Gemeindeamt, circa 30 Minuten Fußmarsch am Timmelbach entlang | **Anfahrt** B108 Felbertauernstraße Richtung Felbertauern, Abzweig Matrei, weiter Richtung Virgental, in Prägraten oberhalb der Volksschule am Timmelbach entlang, über die Brücke, kleiner Parkplatz, circa 20 Minuten entlang des Timmelbachs zum Lawinenbrecher | **Tipp** Der Bildhauer Josef Gasser (1816–1900), im Weiler Wallhorn/Valhorn oberhalb von Prägraten geboren, wurde aufgrund seiner Verdienste 1879 zum Ritter von Valhorn ernannt. Die Pietà in der Pfarrkirche stammt von ihm.

94 Der Friedhof

Mörderische Geschichten unter der Erde

Mit Max Broll habe er sich einen Weggefährten erschrieben, der ihm ähnlich sei, sagt der Krimiautor Bernhard Aichner. Mit einem kleinen, aber feinen Unterschied: Während Aichner sein Studium abgeschlossen hat und in Innsbruck lebt, bricht Broll seines ab und kehrt in seinen Heimatort zurück, um in die Fußstapfen seines Vaters zu treten. Er wird Totengräber, einer, der im realen wie im übertragenen Sinn Leichen aus den Kellern holt und über Tote stolpert. Und weil auch im kleinsten Dorf so mancher Konflikt tödlich endet, greift Broll zur Schaufel und packt seinen kriminalistischen Spürsinn aus.

Der Ort, in dem Broll Särge versenkt, ist Sillian nicht unähnlich. Der dortige Friedhof diente Bernhard Aichner als Inspiration. Das kommt nicht von ungefähr. In Sillian besuchte der Krimiautor die Volksschule, fünf Jahre war er dort Ministrant. Das Morbide, das Vergängliche, der Tod faszinierten ihn schon in jungen Jahren, der Friedhof zog ihn magisch an. Aichner streifte zwischen den Gräbern herum, las Grabinschriften und fragte sich nach der Geschichte, dem Schicksal derer, die da lagen. Und er begann, sich Geschichten auszudenken.

Zuerst machte er die Fotografie zu seinem Beruf, dann das Schreiben. Nach einigen von der Kritik hochgelobten Romanen, denen allerdings nicht die gewünschte Breitenwirksamkeit beschieden war, reifte in Aichner eine neue literarische Idee, eine neue Figur heran. Mit Max Broll fand Aichner sein Genre. Der erste Broll-Krimi, »Die Schöne und der Tod«, erschien 2010, dann »Für immer tot« und 2012 »Leichenspiele« (alle Haymon Verlag). Aichner wechselte zum deutschen btb Verlag, in dem seine Trilogie über die sympathische Mörderin Brünhilde Blum erschien, ebenso Bestseller wie die darauf folgenden Titel »Bösland« und »Der Fund«. Dass Max Broll ihm immer noch nahesteht, zeigte Aichner 2016. Da legte er bei Haymon seinen vierten Broll vor: »Interview mit einem Mörder«.

Adresse Friedhof Sillian 23, 9920 Sillian | **ÖPNV** Bus 961, 965, 966, Haltestelle Marktplatz | **Anfahrt** B100 Drautalstraße nach Sillian, Abzweig Richtung Kirche | **Tipp** Der Hochpustertaler Bauernladen in Sillian führt Spezialitäten aus der Region, von Wurst- und Käsespezialitäten über Socken, Wolle und Kerzen bis hin zu Marmeladen, Schnäpsen und Honig. Natürlich auch im Sortiment: Nigelan, kleine, in Fett herausgebackene Germteigkugeln (www.bauernladen.wordpress.com).

95 Die Prangersäule

Er solle sich schämen hier und heute!

Dass eine Prangersäule, zudem auf einem großen Platz, aufs Erste nicht zu finden ist, wer hätte das gedacht? Dass die (einheimische) Kellnerin im nahen Café einem auch nicht weiterhelfen kann, wer hätte das vermutet? Und daher brauchte es mehrere Gänge über den Platz, bis sie einem dann doch noch ins Auge sprang – im Nachhinein nicht mehr nachvollziehbar: Das gute Stück überragt einen deutlich und ist eigentlich nicht zu übersehen. Zur Verteidigung sei angemerkt: Die Prangersäule fand sich eingeklemmt zwischen zwei Sonnenschirmen im Gastgarten eines Restaurants.

Die Prangersäule in Sillian, gern als einziges erhaltenes Exemplar ihrer Gattung in Tirol bezeichnet und längst ihrer Funktion enthoben, verweist auf ein Ritual, das nicht nur in Tirol gepflegt wurde – und noch heute, in abgewandelter Form und ohne Gerichtsurteil, gepflegt wird: das An-den-Pranger-Stellen!

Bei kleinen und mittelschweren Vergehen genügte es der Obrigkeit früherer Tage, die Delinquenten öffentlich zu maßregeln. Zudem durften sich die Vorbeigehenden einen »Spaß« mit den Verurteilten erlauben, sie anspucken, beschimpfen, schlagen. Bei schwerwiegenderen Fällen erfolgte eine öffentliche Züchtigung mit Peitsche oder Rohrstock. Zu tun gab es genug. Da waren Händler, die falsche Mengenangaben machten, Handwerker, die ihre Arbeit nicht ordentlich durchführten, Ehebrecher, Raufbolde, Verleumder … Im Gegensatz zu den Prangersäulen standen die Richtstätten für schwerwiegende Vergehen meist auf Hügeln außerhalb des Orts. Galgen und Gerichtete waren trotzdem gut zu sehen – als stete Mahnung für alle.

Die 1697 errichtete steinerne Prangersäule in Sillian ersetzte eine ursprüngliche aus Holz, die altersschwach zusammengebrochen war. In Schulterhöhe ist eine Eisenkette fixiert, den Abschluss bildet eine Steinkugel. In Sichtweite der Kirchturm: Dem irdischen Gericht folgte am Ende stets das göttliche.

Adresse Marktplatz, 9920 Sillian | **ÖPNV** Bus 961, 965, 966, Haltestelle Marktplatz | **Anfahrt** B100 Drautalstraße nach Sillian, Abzweig Marktplatz | **Tipp** Im Café der Schokoladenmanufaktur Pichler gibt es eine herrlich cremige heiße Schokolade, handgeschöpfte Schokoladen in unzähligen kreativen Kombinationen und sommers feine Eisspezialitäten.

96__Der Grenzstein

Balken zu, Balken auf, Balken weg

Es war für Nord-, Ost- und Südtirol ein bewegender Tag, als sich im Zuge des Schengen-Abkommens am 1. April 1998 die Grenzbalken zwischen den Landesteilen öffneten. Über Jahrhunderte hatten sie zusammengehört, infolge des Friedensvertrags von Saint-Germain 1919 war Südtirol an Italien gefallen. Der Gerichtsbezirk Sillian verlor die Orte Innichen, Innichberg, Sexten, Vierschach, Wahlen und Winnebach, die östlich der Wasserscheide im Pustertal (Rienz und Drau) lagen, und wurde wenig später aufgelöst. Mit einem Schlag war Osttirol Exklave des Bundeslands Tirol, erreichbar nur über italienisches Hoheitsgebiet oder über Kärnten.

Seit damals war die Grenze bei Arnbach ein neuralgischer Punkt. Zunächst verschärfte Benito Mussolini die Grenzkontrollen und versah die Grenzregion auf Südtiroler Seite mit Bunkern. Die nationalsozialistische Führung gliederte Osttirol dem Gau Kärnten an. Erst 1947 sollte der Bezirk wieder zu Tirol kommen. Mit Ende des Zweiten Weltkriegs wurde die nach dem Ersten Weltkrieg vollzogene Abtrennung Südtirols erneut bestätigt. Trotz Erleichterungen bezüglich des grenznahen Austauschs blieb die Grenze bei Arnbach sicht- und spürbar. Die Attentate, die der sogenannte Südtiroler Befreiungsausschuss (BAS) in den 1960er Jahren verübte, führten zum Ausnahmezustand beim Nachbarn und einer Verschärfung der Kontrollen an den Staatsgrenzen. Zumal ein Anschlag auf der Porzescharte das Gebiet rund um den Karnischen Kamm wieder zur Kampfzone machte. Auch später waren Einkäufe in Innichen und umgekehrt in Sillian mit Nervenkitzel verbunden. Heute gleicht der Grenzübergang bei Arnbach einem Geisterort. Auf Südtiroler Seite reiht sich Bruchbude an Bruchbude, bevor eine Pizzeria für Leben sorgt. Auf Osttiroler Seite rücken Gewerbebetriebe auf. Trotz mittlerweile regen Austauschs zwischen Ost und West: In manchen Köpfen ist der Balken nicht verschwunden.

Adresse Grenze Arnbach, 9920 Sillian | **ÖPNV** Bus 961, Arnbach/Staatsgrenze; Rex 400, Haltestelle Weitlanbrunn | **Anfahrt** B100 Drautalstraße Richtung Sillian bis Grenze bei Arnbach | **Tipp** Die Geschichte von Bad Weitlanbrunn reicht bis in die Jahre 1843/44 zurück. Der »Sillianer Säuerling« zog Gäste aus nah und fern an, das Bauernbadl wuchs rasch zu einem Heilbad mit eigener Bahnstation. Anfang der 1970er Jahre wurde es revitalisiert.

97 Die Jagdhausalm

Ein Weibsbild unter den Alpenleuten

Mayrhofen im Zillertal wirbt gern mit seinem »Klein-Tibet« im Zillergrund, doch auf keine Alm Tirols trifft diese Bezeichnung besser zu als auf die Jagdhausalm Defereggental. Auf über 2.000 Metern Seehöhe steht Steinhütte an Steinhütte, 16 an der Zahl, plus eine Kapelle. Es gab eine Zeit, da lebten Menschen das ganze Jahr über in dieser unwirtlichen, kargen Gegend im hintersten Winkel des Defereggentals. Monatelang abgeschnitten von der Welt, die Hütten geduckt, Mensch und Tier auf engstem Raum. Man mag sich nicht vorstellen, wie düster das war.

1212 wurden erstmals sechs Schwaighöfe am »Jagehusen« erwähnt. 200 Jahre später wurde die Siedlung bereits als Alm geführt. Wo welche Tierarten zu weiden hatten, war streng geregelt. Der sogenannte »Hattler« überwachte, ob Ochsen auf der ihnen zugewiesenen Fläche grasten, die Kühe auf der ihren. Ähnlich penibel war man in früherer Zeit auch, was »Weibspersonen« als Sennerinnen anbelangte. So notierte der Chronist Josef Valentin Niederweger (1753–1822), dass ehedem zwar Frauen die Arbeit auf der Alpe verrichtet hätten, dies aber zu seiner Zeit von der Geistlichkeit abgeschafft worden war. Allerdings nicht mit durchschlagendem Erfolg. 1865 beklagte der Pfarrer von Taufers, in dessen seelsorgerischem Verantwortungsbereich die Alm lag, ihm sei zu Ohren gekommen, dass in den letzten Sommern auch eine »Weibsperson« zum »Alpendienste benutzt« worden sei. Unanständiges sei seines Wissens zwar nicht vorgefallen, aber es hätten sich Männer bei ihm beschwert, es sei »nicht fein, auch ein Weibsbild unter den Alpenleuten zu sehen«. Noch Anfang des 20. Jahrhunderts werkten bis zu 45 Senner auf der Jagdhausalm. Heute hat nicht nur die Jagdhausalm Schwierigkeiten, geeignetes Personal zu finden, von Sennern und Sennerinnen ganz zu schweigen. Wie sieben weitere Almen im Defereggental ist die Jagdhausalm im Besitz von Südtiroler Bauern.

Adresse Arvental, 9963 St. Jakob in Defereggen-Arvental/Jagdhaus | **Anfahrt** B108 Felbertauernstraße Richtung Felbertauern, Abzweig ins Defereggental, im Ortsteil Erlsberg kurz vor der Brücke Abzweig Richtung Alpengasthaus Oberhaus (Mautstraße), Parkplatz beim Gasthaus, circa 2,5 Stunden kaum fordernder Fußmarsch | **Öffnungszeiten** Juni–Sept./Okt. (je nach Wetter), Infos unter www.jagdhausalm.at und www.defereggental.eu | **Tipp** Seit dem Sommer 2019 gibt es einen 22 Meter hohen, optisch eigenwilligen, holzummantelten Beobachtungsturm in der Nähe des Alpengasthauses Oberhaus. Von hier aus blickt man auf den Oberhauser Zirbenwald, den größten geschlossenen Zirbenwald der Ostalpen.

98 Der Einbaum

Und sie paddelten über den See

Es war weniger die Tatsache, dass man ihn fand, sondern wo man ihn fand, die den Einbaum zu einer Sensation machte. Der Obersee am Staller Sattel liegt auf 2.016 Metern über dem Meer. Er bot und bietet offensichtlich ideale Bedingungen für Fische. Es tummeln sich Saiblinge und Forellen, aber auch die selteneren Groppe und die Elritze. Archäologische Funde im Umfeld beweisen, dass der Übergang seit der Mittelsteinzeit genutzt wurde.

1999 entdeckten Taucher in dem der Gemeinde St. Jakob gehörenden Obersee einen »altertümlichen Baumstamm«. Auf eine unterwasserarchäologische Untersuchung noch im Gewässer folgte eine aufwendige Bergungsaktion, begleitet von ersten Konservierungsmaßnahmen. Mittels Dendrochronologie wiesen Mitarbeiter des Instituts für Hochgebirgsforschung der Universität Innsbruck nach, dass die Zirbe vor mehr als 1.000 Jahren gefällt wurde.

Zu jener Zeit befand sich der Obersee im Besitz des Hochstifts Brixen, das die Fischereirechte in diesem Gewässer dem Fischer des nahe gelegenen Antholzer Sees als Lehen überließ. Fischzucht und -fang waren im Mittelalter ein einträgliches Geschäft. Fische, Krebse und dergleichen standen bei Geistlichkeit und Adel als Fastenspeise hoch im Kurs. Die Gebirgsseen lieferten den nötigen Nachschub, und der Einbaum eignete sich hervorragend zum Fischen mit Netzen. Nach den wissenschaftlichen Untersuchungen erhielt der Einbaum aus dem Obersee, immerhin »das bislang höchstgelegene archäologisch erforschte Wasserfahrzeug Europas«, einen Platz im Talschaftsmuseum »Zeitreise Defereggen« in St. Jakob, aus konservatorischen Gründen hinter Glas.

2013 erregte eine weitere Sensation die (wissenschaftlichen) Gemüter. Ein 2010 im Tristacher See gefundenes, 3,80 Meter langes und 80 Zentimeter breites Lärchenholzstück entpuppte sich ebenfalls als Einbaum. Den aus dem Obersee toppen konnte er nicht. Er ist nur zwischen 800 und 1.000 Jahre alt.

Adresse Unterrotte 3, 9963 St. Jakob in Defereggen-Unterrotte | ÖPNV Bus 953, Haltestelle Gemeindeamt | Anfahrt B108 Felbertauernstraße Richtung Felbertauern, Abzweig ins Defereggental, in St. Jakob Höhe Tourismusbüro Abzweig Richtung Musikpavillon/ Talschaftsmuseum, Parkplatz beim Pavillon | Öffnungszeiten in den Urlaubszeiten meist täglich geöffnet (Eintritt frei), genaue Infos bei der Gemeinde St. Jakob, Tel. 04873/6320 | Tipp Die Pension Enzian, Bildungsinstitut der Freiheitlichen Partei Österreichs (FPÖ), ist unter anderem als Rückzugsort für freiheitliche Spitzenpolitiker immer wieder Gegenstand von Presseberichten. 2019 sorgte sie für Schlagzeilen, weil die FPÖ Wien hier Gold für Krisenzeiten lagerte.

99 Das Versöhnungsdenkmal

Hab und Gut und Kinder verloren

Die Kapelle zum heiligen Florian, von den meisten Brugger Kirchl genannt, ist ein schlichter Bau. Zwischen 1969 und 1971 nach Plänen des Lienzer Architekten Rudolf Stotter errichtet, liegt er etwas zurückversetzt zwischen großteils bäuerlichen Wohngebäuden in Bruggen und mutet auf den ersten Blick selbst wie ein Haus an: rechteckiger Grundriss, Vordach, vorspringender Seitenteil. Das Schindeldach wirkt schwer, der Glockenturm hat die Form eines Kamins.

Beim Nähertreten löst sich an der Frontseite ein Relief vom Hintergrund. Das Denkmal, angebracht 2002, steht für die Versöhnung zwischen Katholiken und Protestanten.

Es erinnert an die Vertreibung der »Evangelischen« aus dem Defereggental in den Jahren 1684 bis 1686. Binnen vier Wochen sollten alle Andersgläubigen das Tal verlassen, die ersten kurz vor Weihnachten 1684, so beschied es die katholische Obrigkeit. Sie verloren Hab und Gut, Kinder bis zum 15. Lebensjahr mussten sie zurücklassen. Diese sollten bei katholischen Pflegefamilien aufwachsen. Besonders stark betroffen waren die Ortschaften Feld und Bruggen. Rund 150 Personen wurden hier vertrieben, 100 Kinder von ihren Eltern getrennt. Die meisten Versuche, sie heimlich mitzunehmen oder später zu entführen, scheiterten. Insgesamt mussten zwischen 800 und 900 Protestanten das Defereggental verlassen. Warum gerade im Defereggental viele dem protestantischen Glauben angehörten – und in den umliegenden Tälern nicht –, beschäftigt die Wissenschaft bis heute.

Ein Riss teilt das sechs Meter lange und 1,5 Meter breite Denkmal aus Gussbeton. Der aus St. Veit stammende Künstler Georg Planer rückt die brutale Trennung von Mutter und Kind in den Mittelpunkt seiner zweigliedrigen Arbeit. Er stellt die Qual derer, die gehen müssen, vertrieben werden, in Kontrast zur Kälte und Selbstgefälligkeit derer, die das Leid verursachen. Beide Gruppen sind untrennbar miteinander verbunden.

Adresse nahe Bruggen Haus Nr. 14, 9962 St. Veit in Defereggen-Bruggen | **ÖPNV** Bus 953, Haltestelle Schnallbrücke | **Anfahrt** B108 Felbertauernstraße Richtung Felbertauern, Abzweig Defereggental, Landesstraße bis zum St. Veiter Ortsteil Bruggen, in den Ort abzweigen, nahe Haus Nr. 14 | **Tipp** Im St. Veiter Ortsteil Zotten, direkt an der Landesstraße gelegen, befindet sich das obeliskenförmige Denkmal zur Erinnerung an den Tiroler Aufstand 1809. Es ist den Schützen Josef Taxer, Martin Unterkirchner und Peter Santner gewidmet.

100_Der Weiler

Mit Gewalt durch Gebäude und Herzen

In der Nacht vom 2. auf den 3. September 1965 rumpelt und kracht es gewaltig oberhalb des Weilers Gassen auf 1.564 Metern Seehöhe. Seit Tagen schüttet es in ganz Osttirol, Bäche greifen über die Ufer, bedrohen und zerstören Häuser. Die steilen Hänge können die Wassermassen nicht mehr fassen: Hangrutschungen, Muren drohen überall. Die Leute in Gassen hören das Unheil, sie sind ihm ausgeliefert. Um etwa zwei Uhr nachts donnert westlich der Häuser eine Mure ins Tal. Sie führt Geröll und Holz mit sich, schlägt eine Schneise in Wald und Boden, reißt das erste Haus mit, den Untermüller. Die Bewohner hatten es wenige Tage zuvor verlassen.

Die Bewohner des Weilers sammeln sich in jenem Haus, in dem sie sich am sichersten fühlen, dem Doppelhaus Rauterlis/Nitzer. Am 3. September, um etwa sechs Uhr morgens, löst sich eine weitere Mure oberhalb der Häuser, sie fährt mitten durch den Ort, begräbt das Nitzerhaus teilweise unter sich, schleudert Rauterlis über den Felsen Richtung Tal. Sechs Menschen sterben.

Das traumatische Ereignis gräbt sich in die Seelen der Menschen. Bis auf ein Geschwisterpaar, Hans und Ursula Monitzer, verlassen sie alle ihre Hofe. Die zerstörten Häuser werden nicht mehr aufgebaut. Der Weiler Gassen wird zu einem Mahnmal der gewaltigen Kräfte der Natur.

Mehrere Jahre arbeitete die Regisseurin Barbara Gräftner an einem Film über den Weiler. Zur selben Zeit begannen auch die Bauarbeiten für eine Straße dorthin. 2004 kam die Dokumentation unter dem Titel »Unterwegs nach … Heimat« heraus und lieferte ein beklemmendes Stück Zeitgeschichte. 2015 – 50 Jahre nach dem Unglück – wurde an der Unglücksstelle eine Gedenkstätte errichtet. Der »Solder« steht an der Schneise, die die zerstörerische Mure 1965 durch den Weiler geschlagen hatte. Der Blick hinauf erfüllt einen mit Unbehagen, der Blick auf die noch existierenden Gehöfte zeigt, dass wieder Leben einzieht.

Adresse 9962 St. Veit in Defereggen-Gassen | **ÖPNV** Bus 998, Haltestelle Egg, circa 45 Minuten Fußweg | **Anfahrt** B108 Felbertauernstraße Richtung Felbertauern, Abzweig Defereggental, Landesstraße folgen bis zum Abzweig Reimmichlstraße/ St. Veit (kurz vor Bruggen), Abzweig Richtung Gassen | **Öffnungszeiten** von außen zu besichtigen | **Tipp** Der bekannte Tiroler Priester und Dichter Reimmichl, Sebastian Rieger, kam 1867 am Eggerhof in St. Veit-Inneregg auf die Welt. Er gründete den »Reimmichl Volkskalender«, den es heute noch gibt.

101 Die Schuschnigg-Kapelle

Vom bleibenden Eindruck eines letzten Besuchs

Als der österreichische Bundeskanzler, Mitbegründer des austrofaschistischen Ständestaats und ab 1936 Führer der Vaterländischen Front Kurt Schuschnigg und seine Frau Herma am 11. Juni 1935 auf Kurzbesuch in Lienz eintrafen, wurden sie mit allen Ehren empfangen und absolvierten ein durchgetaktetes Programm.

Von der Bezirkshauptstadt ging es zuerst auf den Iselsberg, dann nach Prägraten und weiter ins Defereggental. Das Ziel dort war der Weiler Zotten (die Straße nach St. Veit-Gsaritzen war damals erst im Bau), wo der Ehrenbürger von St. Veit und seine Frau stürmisch begrüßt wurden. Besonders angetan zeigte sich die Bevölkerung von Herma Schuschnigg, die Leckereien für die Kinder mitgebracht hatte. »Herzhaft packen die kleinen Hände zu und nehmen sich von den guten Sachen«, berichtete der Tiroler Volksbote. Nach einem Abendessen in Matrei reiste das Paar zurück nach Lienz.

Rund einen Monat später begab sich Schuschnigg mit Herma und Sohn Kurt nach St. Gilgen im Salzkammergut. Der Chauffeur verlor die Herrschaft über das Auto und raste in der Nähe von Linz an einen Baum. Bis auf Herma Schuschnigg überlebten alle die Kollision. Ihr Tod löste in St. Veit tiefe Betroffenheit aus. Auf Initiative von Rudolf Moser, Gauleiter des Wehrverbands Ostmärkische Sturmscharen, wurde zwischen Innerstanzbrücke und der Auffahrt nach St. Veit eine Kapelle zur Erinnerung an Herma Schuschnigg errichtet. Die Einweihung fand am 22. August 1937 im Beisein von Prominenz aus Politik und Kirche statt. Die aus rauem Stein errichtete Kapelle, die ursprünglich direkt an der Straße stand, ist mit einem Rundbogen und einem zweiflügeligen Gitter versehen. Im Inneren befindet sich ein Gemälde, das die Muttergottes umgeben von Kindern zeigt, im Hintergrund St. Veit. Auf Initiative der Gemeinde St. Veit wurde die Kapelle 2007 restauriert und neu gesegnet.

Adresse nahe Innerstandsbrücke, 9962 St. Veit in Defereggen-Görtschach | ÖPNV Bus 953, 998, Haltestelle Innerstandsbrücke | Anfahrt B108 Felbertauernstraße Richtung Felbertauern, Abzweig Defereggental, nach der Innerstandsbrücke (kurz vor der Auffahrt nach St. Veit) rechts | Tipp St. Veit, mit 1.495 Metern Seehöhe die höchstgelegene Gemeinde Osttirols, wird gern als »höchstgelegenes Erholungsdorf Österreichs« beworben, das dank seiner Höhenlage ideal für Allergiker und Asthmatiker sei.

102 Die Hutfabrikanten

Forschtgiehn und Stroh zu Geld machen

Friedhöfe und Gräber berichten von Vergangenem, von Armut und Reichtum, von Bekannten und Unbekannten, von Schicksalsschlägen und Veränderungen. Wer über den Friedhof von St. Veit spaziert, erfährt von den stummen Zeugen die Geschichte der Strohhutfabrikanten aus St. Veit. Sie hießen Ladstätter oder Mellitzer, Stemberger oder Tegischer, und die großen Marmortafeln, die an der Kirchenwand hängen, zeugen von Wohlstand und Stolz, erzählen vom Fortgehen und der großen Liebe zur Heimat.

In den kargen hochalpinen Gegenden war es nicht ungewöhnlich, dass Bauern sich winters einen Nebenerwerb schufen und etwa als Wanderhändler ihren Lebensunterhalt verdienten. Die Böden warfen selten genug zum Überleben ab, es galt, viele Kinder zu ernähren, und nur eines konnte schließlich den Hof übernehmen. Die Deferegger Wanderhändler boten Teppiche und Decken an, reisten durch ganz Europa und waren bekannt, ihre Produkte sehr geschätzt. Sie schlossen sich zu Kompanien zusammen und richteten Depots in großen Städten ein, um die Nachfrage zu befriedigen. Anfang des 19. Jahrhunderts verlegten sich einige von ihnen auf den Vertrieb von Strohhüten.

Um die zahlreichen Kunden in den großen Städten zu bedienen, verließen sie ihre Heimat, errichteten Verkaufsstellen und Fabriken, in denen sie moderne Hüte herstellten. Einer der bekanntesten und erfolgreichsten Hutfabrikanten war der gebürtige St. Veiter Peter Ladstätter senior, der zusammen mit Jacob Oberwalder senior und Mathias Veider 1858 die Firma Oberwalder und Ladstätter in Wien gründete. Das Unternehmen expandierte, weitete die Produktpalette aus, eröffnete zahlreiche Verkaufsfilialen, weitere Familienmitglieder stiegen ein. Peter Ladstätter starb 1885 in Domzale (Slowenien), wie viele der »Forschtgiehner« fern der Heimat. Die kostbaren Marmortafeln auf dem Friedhof St. Veit erzählen von Reichtum und von Heimweh.

Adresse Friedhof St. Veit, 9962 St. Veit in Defereggen-Gsaritzen | ÖPNV Bus 998, Haltestelle Kirche | Anfahrt B108 Felbertauernstraße Richtung Felbertauern, Abzweig Defereggental, Abzweig St. Veit, Ortszentrum | Tipp Von den zwei Beinhäusern der Pfarrkirche St. Vitus befindet sich eines im Turmuntergeschoß und ist nicht zugänglich, das andere (außen) an der Südseite der Kirche.

103__Die Schlipfkrapfenmacherin

Vormittags gepitscht und nachmittags eing'sacklt

Begonnen hat alles in der eigenen Küche. Vormittags funktionierte Lydia Nöckler Esstisch und Anrichte zur Produktionsstätte für Schlipfkrapfen um. Sie belieferte Privatpersonen, Restaurants und Hotels – bis nach Wien schafften es die gefüllten Teigtaschen. Mittlerweile steht Lydia Nöckler in ihrer professionellen Betriebsanlage, die ans Wohnhaus andockt: Alle Ablagen in Nirosta, Fliesen bis zur Decke, Kreuz über der Tür. Sie »triebelt«, rollt den Teig aus, sticht die runden Teigstücke aus. Den ganzen Vormittag lang, das geht in die Arme!

Tochter, Schwiegertochter und, wenn die Auftragslage hoch ist, weitere Verwandte hocken um den Tisch. Die einen portionieren die Fülle, legen sie auf die kleinen Scheiben, wiegen sie. 25 Gramm Gewicht hat ein »Schlipfi«. Die anderen klappen die Enden übereinander und »pitschen« die Ränder, drücken sie mit zwei Fingern zusammen. Jede hat ihre eigene Methode, alle arbeiten schnell, routiniert. Plaudern und Lachen gehen nebenher – und kommen nicht zu kurz.

Für den Schlipfkrapfenteig braucht es Roggen-, Dinkel- oder Weizenmehl, Eier, Salz und Wasser. Die Fülle besteht traditionell aus Kartoffeln und Gewürzen. Manche geben Käse dazu, andere Topfen, manche sagen, das geht gar nicht! Lydia sieht es nicht so streng. Die Fülle werde überall anders gemacht, ein bisschen wie beim Pitschen, lacht sie. Je nach Saison füllt die »Schlipfkrapf'n-Lydia«, wie sie von einigen genannt wird, ihre Teigtaschen auch mit Spinat und Ricotta oder Kürbis. Eine vegane Variante hat sie ebenfalls im Sortiment. Fix ist: Montag bis Freitag wird vormittags gepitscht, nachmittags »eing'sacklt«, werden die Schlipfkrapfen in Säcke gefüllt. Ein paar tausend Schlipfkrapfen produziert Lydia Nöckler pro Woche, ein Lkw bringt die Spezialitäten bis nach Wien.

Adresse Gsaritzen 21, 9962 St. Veit in Defereggen-Gsaritzen | **ÖPNV** Bus 998, Haltestelle Kirche | **Anfahrt** B108 Felbertauernstraße Richtung Felbertauern, Abzweig Defereggental, Abzweig St. Veit, an der Kirche vorbei, erste Straße rechts bis zum Ende durchfahren (Sackgasse) | **Öffnungszeiten** Besichtigung nur auf Anfrage, Tel. 0676/7954165 | **Tipp** Vom Ortszentrum startet ein Rundwanderweg, der über den Weiler Gassen zum Ortsteil Zotten und wieder retour führt. Auf dem Weg erfährt man viel über »Das Leben am Steilhang« (Dauer circa drei Stunden).

104 Der Kalerhof

Zart blätternd und trotzdem elegant

Wirklich großartige Gebäude behalten ihre Würde, ihre Kraft, ihre Ausstrahlung, auch wenn sie in einem vernachlässigten Zustand sind. Manchen verleiht diese Patina sogar zusätzlichen Charme. So ein Gebäude ist zweifellos der Kalerhof, früher auch Lanzenhof genannt, der an der Seebachstraße in Tristach liegt.

Er ist eines der zahlreichen Bischofsgüter in Tristach. Die historischen Quellen sind in diesem Fall über lange Phasen lückenhaft. 1050 und 1065 übereignete der Adelige Scrot dem Hochstift Brixen ein Gut in Tristach. Im 16. Jahrhundert war der Lanzenhof mit »20 arl Äcker und 13 mader Heimwiesen« (heute umgerechnet 2,9 Hektar Acker und 1,9 Hektar Wiesen) der größte im Ort, wie Emma Totschnig in ihrem Buch über die Kirchen- und Höfegeschichte von Tristach schreibt. Der ursprüngliche Hofname könnte auf die Herstellung von Waffen verweisen. In der Nähe befand sich früher eine Schmelzhütte. Um 1783 verkauften die Brüder Lanz den Hof an Christof-Albert Kaler, Landgerichtsschreiber aus Lienz. Er errichtete das Herrenhaus, das an das schlichte Wohngebäude andockt. Als Baumaterial verwendete er unter anderem Reste der Ruine Erenberg im Süden von Tristach. Im 19. Jahrhundert wechselte der Hof die Besitzer, der Vulgoname Kaler blieb.

Als besonders markant zeigt sich natürlich das Herrenhaus im spätbarocken Stil mit Satteldach und Blendgiebel. Das Rundbogenportal rahmen Malereien, die Fenster im Parterre Quadermalungen, die Medaillons über der Tür und im Giebelbereich sind zerstört. Die Einfassung mit gemalten Säulen und Gebälk am Eingangsportal wiederholt sich im ersten Obergeschoß, was aber nur mehr schwer zu erkennen ist.

Insgesamt macht das Gebäude trotz des wunderbaren Blumenschmucks und des herrlichen Bauerngartens davor einen desolaten Eindruck. Aber: Es braucht nicht viel Phantasie, um hinter der bröckelnden Fassade große Strahlkraft zu erkennen.

Adresse Seebachstraße 6, 9907 Tristach | ÖPNV Regio Lienz 1, Haltestelle Tratte, circa 15 Minuten Fußmarsch | Anfahrt B100 Drautalstraße, Lienz, Abzweig Richtung Tristach, Abzweig Dorfstraße, bei der Kirche Abzweig Seebachstraße | Öffnungszeiten nur von außen zu besichtigen | Tipp Entlang der Seebachstraße und der Dorfstraße von Tristach befinden sich die ältesten besiedelten Teile Tristachs. Von der Seebachstraße gelangt man über einen Steig zum Tristacher See. Das Naturdenkmal Alter Tristacher See ist von Verlandungsmoor umgeben und speist den Tristacher See.

105 Der Laserzgeist

Ein Eremit hinterlässt Spuren

Nicht lang auf dem breiten Weg Richtung Karlsbader Hütte unterwegs, macht ein Schild neugierig. »Zum Laserzgeist«, steht auf der Tafel, die nach rechts weist. Bald gelangt man zu einem kleinen, etwas schiefen Bildstöckl mit Kreuz. Wer nicht weiß, worum es geht, erfährt es hier nicht. Etwas später erreicht man die Insteinalm, eine einfache, unscheinbare Holzhütte mit kleiner Veranda. Sie lädt zum Verweilen ein. Auch sie spielt eine Rolle, wenn es um den Laserzgeist geht.

In diesem Gebiet hielt sich in der Zwischenkriegszeit ein Eremit auf. Sommers nächtigte er in einer Höhle am Weißstein oder in der Insteinalm, winters in Schuppen und Stadeln weiter unten im Tal. Der von ihm angelegte »Eremitensteig« vom Auerling in das Steinkar fand Eingang in die Alpinliteratur. Die meisten Leute kannten weder seinen vollen Namen noch wussten sie, woher er kam, noch, welches Schicksal ihn in die Einsamkeit getrieben hatte. Sie nannten ihn Herrn Brunswick oder einfach Laserzgeist. Der Tristacher Hobbyhistorikerin Burgi Kofler gelang es schließlich, einen Teil des Geheimnisses um den Einsiedler zu lüften.

Hermann Brunswick, geboren 1898 in Wien, entstammte einer angesehenen adeligen Familie, absolvierte eine militärische Ausbildung, nahm am Ersten Weltkrieg teil und war Biologe. Warum er das Leben als Eremit wählte und sich zwischen 1932 und 1938 ausgerechnet in die Lienzer Dolomiten zurückzog, blieb weiterhin im Dunkeln. Starke psychische Probleme dürften ein Grund für seinen Ausstieg aus der Gesellschaft gewesen sein. Seine letzten Lebensmonate verbrachte Brunswick jedenfalls in der psychiatrischen Klinik in Hall, wo er 1939 verstarb.

Vor wenigen Jahren erhielt das von ihm errichtete Bildstöckl ein Schindeldach. Kerzen, Gebetsfahnen, kleine Heiligenfiguren, Gedenkkärtchen und immer wieder frische Blumen zeugen davon, dass dieser Ort noch heute einer der Andacht ist.

Adresse nahe Dolomitenhütte, 9908 Tristach | **ÖPNV** Hütten-Shuttle zur Dolomitenhütte auf Vorbestellung, Infos und Kontakt unter www.dolomitenhuette.at, von dort circa 30 Minuten gemütlicher Fußmarsch | **Anfahrt** B100 Drautalstraße, Lienz, Abzweig nach Tristach, weiter Lavanterstraße, Abzweig Tristacher See, Dolomitenstraße zur Dolomitenhütte (gebührenpflichtig) bis Parkplatz Dolomitenhütte, Fußweg circa 30 Minuten | **Tipp** Die Wanderung sollte man unbedingt bis zum Laserzsee beziehungsweise zur Karlsbader Hütte fortsetzen. Sie vertrat 2019 Tirol bei der ORF-Wahl von »Neun Plätze – neun Schätze«. Aus den jeweils nominierten Orten der neun Bundesländer wird jährlich der schönste gewählt. Die Karlsbader Hütte siegte zwar nicht, liegt aber traumhaft.

106 Die Spolie

Winziges Relief gibt Rätsel auf

Wer sie sehen will, muss den Blick nach oben richten. Die antike Spolie macht sich geradezu winzig aus an der Westseite des Kirchturms in Tristach. Zu finden in etwa vier Metern Höhe, vielleicht etwas mehr. Der Begriff Spolie kommt vom lateinischen *spolium* (Beute, Raub). Verwendet wird er für Bauteile, Reste oder Teile von Reliefs, Säulen, Skulpturen, die recycelt, also in neue Bauwerke eingefügt beziehungsweise vom Vorgängerbau übernommen wurden – manchmal aus rein dekorativen Gründen, manchmal bewusst als Verweis auf die Geschichte. Nicht ganz klar ist, woher das Kleinod am Kirchturm in Tristach stammt.

Das Spolien-Motiv ziert das Wappen von Tristach, das der Gemeinde 1976 verliehen wurde. Es zeigt einen Löwen mit offenem Maul, seitlich liegend, eine Pranke erhoben, mit beiden eine Sense haltend. Es erinnere an das Geschlecht der Herren von Erenberg, deren Burg bereits im 13. Jahrhundert verfallen sei, steht diesbezüglich auf der Website der Gemeinde Tristach: »Bei der Ruine fand man einen Wappenstein, den man an der Westseite des Kirchturms von Tristach einmauerte.«

Das mittelalterliche Relief entpuppte sich einige Zeit später allerdings als römisches. Die Archäologin Elisabeth Walde hielt Anfang der 2000er Jahre fest, das Tier sei vielleicht ein Löwe, vielleicht aber auch ein Panther, zwischen den Pranken sei ein Gefäß auszumachen. Immerhin, so viel ist gesichert, die Spolie besteht aus Marmor und ist auf das 2. oder 3. Jahrhundert vor Christus zu datieren.

Insgesamt lassen die Figur und ihre Haltung viel Spielraum für Interpretationen, derer es ausreichend gibt. Da das Relief klein ausfällt, wird davon ausgegangen, dass es ursprünglich zur Zierde diente, bei einem Denkmal, einer Grabstätte zum Beispiel. Die Vermutung, der man wissenschaftlich gern anhängt, lautet: Aguntum ist nah, eine Verbringung des Reliefsteins nach Tristach wäre möglich gewesen.

Adresse Pfarrkirche Tristach, 9907 Tristach | **ÖPNV** Regio Lienz 1, Haltestelle Tratte, wenige Minuten Fußmarsch | **Anfahrt** B100 Drautalstraße, Abzweig Richtung Tristach, Abzweig Dorfstraße | **Tipp** Neben Andy Holzer, dem berühmten blinden Extrembergsteiger, lebt ein weiterer international bekannter Star in Tristach, der Bildhauer Jos Pirkner. Sein Atelier befindet sich am Griesweg.

107 Bad Jungbrunn

Per Eilzug nach Dölsach und ins Badhaus

Die Lage könnte idyllischer nicht sein. Mitten im Wald, keine Handvoll Häuser, Entspannung pur. Und dazu ein Quellwasser, das schon im 16. Jahrhundert Kurgäste anlockte. 1574 erstmals urkundlich erwähnt, ist Jungbrunn acht Jahre später Heil- und Mineralbad. Die Bevölkerung der Umgebung nutzt das Bad mit Badehütten und -wannen, für Gäste aus entfernteren Gegenden stehen Unterkünfte bereit. Das Wasser gilt als vortrefflich bei Beschwerden im Bereich der Atmungsorgane, bei Problemen mit Magen und Darm, bei Nervenleiden und Hautausschlägen.

Um 1830 besteht die Anlage aus einem herrschaftlichen Haupthaus mit Arkaden, einem mehrstöckigen Badhaus aus Holz sowie einer Kapelle (nach dem Zweiten Weltkrieg abgerissen). Aus einem 1908 gedruckten Prospekt geht hervor, dass Bad Jungbrunn über ein Haupthaus, eine Dependance, ein Bad- und Touristenhaus mit einem Speisesaal für über 100 Personen, ein Lesezimmer, ein Musik- und Spielzimmer, einen Tennisplatz, eine Kegelbahn und eine Dunkelkammer verfügt. Die internationalen Kurgäste kommen per Fuhrwerk von Dölsach, wo eine »Eilzugstation« eingerichtet wurde. Das Bad übertaucht die Kriegs- und schwierige Zwischenkriegszeit, doch mit Ausbruch des Zweiten Weltkriegs ändert sich die Situation. 1939 erwirbt es eine Wiesbadener Firma, um ein Ferienheim einzurichten. Später dient es allerdings als Kriegsgefangenenlager und schließlich als Unterkunft für Flüchtlinge beziehungsweise Obdachlose. Ende der 1950er Jahre gelingt ein Neuanfang. Aus dem ehemaligen Kurhaus wird die Pension Unterweger, das Haupthaus mit Restaurant führt bis 2009 die Familie Reiter. Seit 2014 ist Bad Jungbrunn im Besitz der Familie Renkhoff-Oles.

Anfang der 1960er Jahre durchgeführte Untersuchungen des Wassers ergaben, dass die Ingredienzien nicht ausreichten, um es weiter als Heilquelle zu deklarieren. Das Wasser schmeckt trotzdem vorzüglich – und es sprudelt wie eh und je.

Adresse Bad Jungbrunn 3, 9907 Tristach-Bad Jungbrunn | **ÖPNV** Regio Lienz 1, Haltestelle Polösling, Fußmarsch Richtung Lavant, Abzweig Jungbrunn (circa 15 Minuten) | **Anfahrt** B100 Drautalstraße, Abzweig Richtung Tristach, weiter auf der Lavanter Straße, Abzweig nach Bad Jungbrunn (beschildert) | **Öffnungszeiten** Heilquelle neben dem Hotel zugänglich | **Tipp** Im Restaurant des Landhotels Jungbrunn lässt sich hervorragend speisen. Besonders delikat ist das Frühstück (8–11 Uhr), das es für nicht im Hotel Nächtigende auf Vorbestellung gibt (Kontakt: info@bad-jungbrunn.at, Tel. 04852/65210).

108__Der Neuwirt

Der Pfarrer, sein Sohn und dessen Tochter

Auf historischen Ansichtskarten steht der Neuwirt gern für Virgen. Die an ein Schlösschen erinnernde Bauweise drängte sich geradezu auf, um Werbung für Virgen zu machen. Der Chronik zufolge ließ Pfarrer Valentin Fercher (1556–1616) das Haus um 1600 errichten. Ein ausgesprochen tatkräftiger Mann von bemerkenswerter Herkunft, war er doch der Sohn des Matreier Pfarrers. In dessen Fußstapfen wollte er zunächst allerdings nicht treten. Fercher schmiss das Theologiestudium, wurde Pfleger auf der Kienburg, heiratete und wurde Vater von drei Töchtern. Nach dem Tod der Ehefrau schloss er sein Studium ab, 1595 wurde Fercher Pfarrer in Virgen. Als seine Tochter Katharina einen Gastwirt heiratete, überließ Fercher ihr das Haus und zog in das Widum. An der Tür zum Erkerzimmer im ersten Stock des Neuwirts verewigte sich der Geistliche mit den Worten: »Anno Domini 1600 wurde dies stattliche Haus von Pfarrer Valentin Fercher zu seiner Wohnstatt erbauet.« Deren Charme als Filmkulisse wurde früh entdeckt.

1929 fanden sich beim Neuwirt der damals bekannte deutsche Schauspieler Gustav Fröhlich und seine österreichische Kollegin Liane Haid ein, daneben die damals noch weniger bekannten Darsteller Paul und Attila Hörbiger. Gedreht wurde der Film »Der unsterbliche Lump«, der 1930 in die Kinos kam. Er ging als einer der frühen Tonfilme in die Geschichte ein, die tatsächlich erfolgreich waren. Und das, obwohl sich der Regisseur Gustav Ucicky auf das Experiment Außenaufnahmen mit Ton einließ, eine Pioniertat zur damaligen Zeit. Zuletzt nutzte 2011 der bayerische Filmemacher Joseph Vilsmaier das oben erwähnte Erkerzimmer, um einige Szenen von »Der Meineidbauer« aufzuzeichnen. Für ein Erinnerungsfoto gruppierten sich die Fernsehstars – darunter Max Tidof, Heikko Deutschmann, Günther Maria Halmer und Suzanne von Borsody – vor dem Eingang des Neuwirts. Der nach wie vor schönen Seite des Hauses.

Adresse Virgentalstraße 75, 9972 Virgen | **ÖPNV** Bus 951, Haltestelle Kirche | **Anfahrt** B108 Felbertauernstraße Richtung Felbertauern, bei Matrei Abzweig Richtung Virgental, Virgen | **Öffnungszeiten** von außen zu besichtigen, innen auf Anfrage, Tel. 04874/5217 | **Tipp** Der Wuntscherhof im Ortsteil Welzelach war im Film »Der Meineidbauer« dessen Hof (»Brucknerhof«), im danebenliegenden Motahof fanden Innenaufnahmen statt. Der Ort hieß auch im Film Virgen.

109__Die Schnapsbrennerin

Elke Obkircher serviert Hochprozentiges

Am Anfang war es ein notwendiges Übel. Die Obstbäume standen seit eh und je, was also tun mit den ganzen Früchten? Und schließlich hatte schon der Schwiegervater Obstler hergestellt. Der war allerdings kein Gurgelschmeichler gewesen. Je intensiver sich Elke Obkircher mit dem Thema Schnapsbrennerei auseinandersetzte, desto stärker wuchs ihre Leidenschaft. Heute gehört sie zu den besten Schnapsbrennern Tirols. Die Zahl der Frauen in diesem Metier ist noch überschaubar, aber im Steigen.

Um das Jahr 2000 begann die studierte Agrarökonomin mit dem Schnapsbrennen am Binterhof, 2003 modernisierte sie den Kessel, 2005 installierte sie den »Verschluss mit beschränkter Anlagensicherung« (Durchflusszähler). So weit die Eckdaten. Obkirchers Beschäftigung wurde lange als Hobby abgetan, bis sie 2008 an der Destillata teilnahm, der internationalen Edelbrand-Meisterschaft, um herauszufinden, »wo ich stehe«. Und zack gewann sie. Gault & Millau hob ihren Brand in die Riege »Schnaps des Jahres«. Seither steht Obkircher bei den Tiroler Edelsommeliers in der ersten Reihe. 2019 erhielt sie für die eingereichten Brände einmal Gold, zweimal Silber und achtmal Bronze.

Das Obst stammt großteils aus dem eigenen Garten, einiges liefern die umliegenden Bauern. Bei Williams und Marille kauft sie einen Teil zu. Insgesamt 30 Sorten verarbeitet Obkircher zu Schnäpsen – von Meisterwurz bis Vogelbeere. Dazu kommen Ansatzschnäpse wie Preiselbeerschnaps und Liköre. Den Pregler gibt's natürlich auch. Der darf nur in Osttirol erzeugt werden, das Obst (mindestens ein Drittel Apfel und ein Drittel Birne, halbehalbe geht ebenfalls) muss aus Osttirol sein, der Gebrannte mindestens 40 Volumenprozent aufweisen. Trotz des großen Erfolgs: Die Schnapsbrennerei am Binterhof ist nach wie vor ein Ein-Frau-Betrieb, selbst die Etiketten klebt sie eigenhändig. Mehr, als Elke Obkircher brennt, ist allein nicht zu schaffen.

Adresse Niedermauern 5, 9972 Virgen-Niedermauern | ÖPNV Bus 951, Haltestelle Virgen Ort, Fußweg Richtung Niedermauern circa 15 Minuten | Anfahrt B108 Felbertauernstraße Richtung Felbertauern, bei Matrei Abzweig Virgental, bis Virgen, Abzweig nach Niedermauern, rechts Schild »Binterhof« | Öffnungszeiten Verkostung nur auf Anfrage, Tel. 04874/52243 oder Tel. 0676/9561169, office@binter.tirol | Tipp Bei Gottfried Joven (Fischteich Joven in Niedermauern, Gries 2) gibt es sommers in lauschigem Ambiente gegrillten Fisch, Fleischspezialitäten und Brettljause (Mai–Okt. ab 16.30 Uhr, Sa, So und Feiertage ab 12 Uhr, Infos unter Tel. 04874/5788).

110 Die Steinwerkstätte

Wo Späne fallen und Funken fliegen

Auf der Wiese weiden die Kühe, und ob ihnen die Objekte gefallen, lässt sich nicht sagen. Sie bewegen sich jedenfalls wie selbstverständlich dazwischen, zuweilen dient eines als Kratzbaum. Seit 2018 besteht der Skulpturenpark in der Tratte an der Isel in Virgen. 22 Werke sind es zurzeit, jedes Jahr kommen weitere hinzu. Sommers teilen sich die Kunstwerke den Platz mit den Kühen, die hier grasen. Und hauptsächlich sommers arbeiten wenige Schritte entfernt auch Bildhauer, darunter Michael Lang, Hauptinitiator der Steinwerkstätte. In einem ehemaligen Sägewerk weitab des Siedlungsgebiets fanden die Künstler ideale Bedingungen für ihre Beschäftigung mit schwerem Gestein und wuchtigem Holz. Hier ist es egal, wenn Motorsägen jaulen, Steinschneider kreischen, Schleifgeräte rumoren und Staub wirbelt, wenn, die Inspiration groß, die Kraft nicht enden wollend, bis tief in die Nacht gewerkt wird. Nur die Kühe schauen manchmal neugierig über den Zaun in die Kojen sowie die Spaziergänger, die gemütlich der Isel entlangflanieren.

2017 veranstalteten die Bildhauer erstmals ein zweiwöchiges Bildhauersymposium mit heimischen und geladenen Künstlern aus anderen Regionen, denen Material, Kost und Logis geboten wurden. Die Ergebnisse fanden Platz im Skulpturenpark. »Bildhauerei ist eine Lebenseinstellung, die muss man im Blut haben«, sagt Michael Lang, und sein Kollege Harald Weiskopf nickt zustimmend. Doch es geht auch darum, gute Bedingungen zu schaffen, ausreichend Platz, Geräte und Lagerraum für Materialien, gern mehrere Tonnen schwer und »raumfüllend«. Für viele Bildhauer wäre das allein nicht zu bewerkstelligen. In der Tratte steht den Mitgliedern alles zur Verfügung. Zudem fördert eine gemeinsame Werkstatt den Austausch, was Lang und seinen Kollegen besonders wichtig ist. Die Ideen gehen ihnen jedenfalls nicht aus. Und so wird der Skulpturenpark weiter wachsen.

Adresse Tratteweg 21, 9972 Virgen-Niedermauern | **ÖPNV** Bus 951, Haltestelle Virgen/Kirche, circa 30 Minuten Fußmarsch nach Niedermauern/Tratteweg | **Anfahrt** B108 Felbertauernstraße Richtung Felbertauern, abzweigen Matrei/Virgental, in Virgen nach Niedermauern abzweigen, abzweigen Richtung Fischteich Joven, Straße folgen, nach der Brücke links bis zur Steinwerkstätte | **Öffnungszeiten** Skulpturenpark ganzjährig zugänglich, Werkstätte während öffentlicher Veranstaltungen und auf Anfrage, Kontakt: Michael Lang, michael@artbylang.at, www.artbylang.at | **Tipp** Vom Tratteweg kann man taleinwärts den Weg nach Gries weitergehen und bis zum »Schwoaga« (Schwaigerhof) spazieren. Sommers gibt es dort Wiener Eiskaffee, Heiße Liebe oder den Hausbecher serviert mit hausgemachten Waffeln.

111 Das Ensemble

Vom Fehler im Gesamtbild

Beim bedeutenden Kammerlanderhof in Thurn wurde eines sträflich missachtet. Nämlich, wie überaus zentral, ja essenziell das Umfeld für die Wahrnehmung, die Ausstrahlung eines Kulturdenkmals dieses Rangs ist. Rüde schiebt sich eine Reihe neuer Wohnbauten vor das Ensemble, deren Autoabstellplätze drängen sich unter dessen Garten. Die Gesamtwirkung der denkmalgeschützten Hofstelle ist auf immer beeinträchtigt. Und das, obwohl der Kammerlanderhof, ein echtes Schmuckstück, auf eine ursprünglich private Initiative hin vorbildlich restauriert wurde und als Museum lebendig die Geschichte bäuerlicher Kultur erzählt.

Anders in Obermauern. Wer die Straße zu diesem Ortsteil von Virgen hinauffährt, muss kein Denkmalschützer sein, um sofort die Kamera zu zücken. Das Ensemble aus Bauernhäusern, das sich unterhalb der Kirche Maria Schnee auffädelt, zeigt, wie wichtig es ist, die Gesamtkomposition bei historischen Gebäuden zu berücksichtigen. Aus dem Zusammenspiel von historischer Substanz und Landschaft, von Gärten, Blickwinkeln, Zu- und Durchgängen wird die Kraft dieses Ensembles unmittelbar erlebbar.

Wohn- und ehemaliges Futterhaus des Paarhofs Angstler (Obermauern 56, 57) sind über einen Steg miteinander verbunden. Nicht erahnen lässt sich, dass das Wirtschaftsgebäude erst 1995 hierher übertragen wurde. Es schloss eine lange als störend empfundene Lücke, entstanden, weil das ursprüngliche Gebäude abgetragen worden war. An den Angstlerhof schließt sich der 1779 erstmals erwähnte Paarhof Obermaurer-Huber an. Rechts der schmalen Durchfahrtsstraße zur Kirche ein Einhof mit gemauertem Untergeschoß. Bis in die 1950er Jahre war hier eine Schmiede untergebracht. Ins Auge sticht der heilige Petrus, der überdimensioniert und mahnend den Fassadengiebel ziert. Der Innerschmieder wurde 1780 erstmals urkundlich erwähnt. Zusammen mit der Kirche darüber allesamt ein Postkartenmotiv.

Adresse Obermauern 56, 57, 58 und 64, 9972 Virgen | **ÖPNV** Bus 951, Abzweig Obermauern, kurzer Fußweg | **Anfahrt** B108 Felbertauernstraße Richtung Felbertauern, bei Matrei Abzweig Richtung Virgental, nach Virgen rechts Richtung Obermauern, Parkplatz unterhalb des Ensembles | **Öffnungszeiten** bis auf die Kirche nur von außen zu besichtigen | **Tipp** Die Freskenzyklen von Simon von Taisten in der Wallfahrtskirche Maria Schnee darf man natürlich nicht auslassen. Es empfiehlt sich aber, den Spaziergang durch den Ort fortzusetzen. Denn die Bemühungen, das Gesamtensemble Obermauern zu erhalten, sind (fast) überall gelungen.

1
Großvenediger
Innerg-schlöß
Außerg-schlöß
Dreiherren-spitze
Röt-spitze
Berg
Gruben
Matrei in Osttir
Hinterbichl
Prägraten
Virgen
Moos
St. Jakob in Defereggen
St. Veit in Defereggen
Hopfgarten in Defereggen
Huben
Dölach
Erlsbach
Weiße Spitze
ITALIEN
Gölbner
Innervillgraten
Außervillgraten
Pfannhorn
Anras
Sillian
Strassen
Abfaltersbach
Arnbach
Sankt Oswald
Kartitsch
Leiten
Toblach Dobbiaco
Innichen-San Candido
Sexten - Sesto
N
0
2 km
73
74
61
69
71
70
65
57
60
66
59
58
64
62
72
63
89
87
91
93
90
92
88
111
108
109
110
97
98
99
100
103
102
101
16
17
18
22
21
20
19
9
10
5
15
14
94
95
1
96
32
33

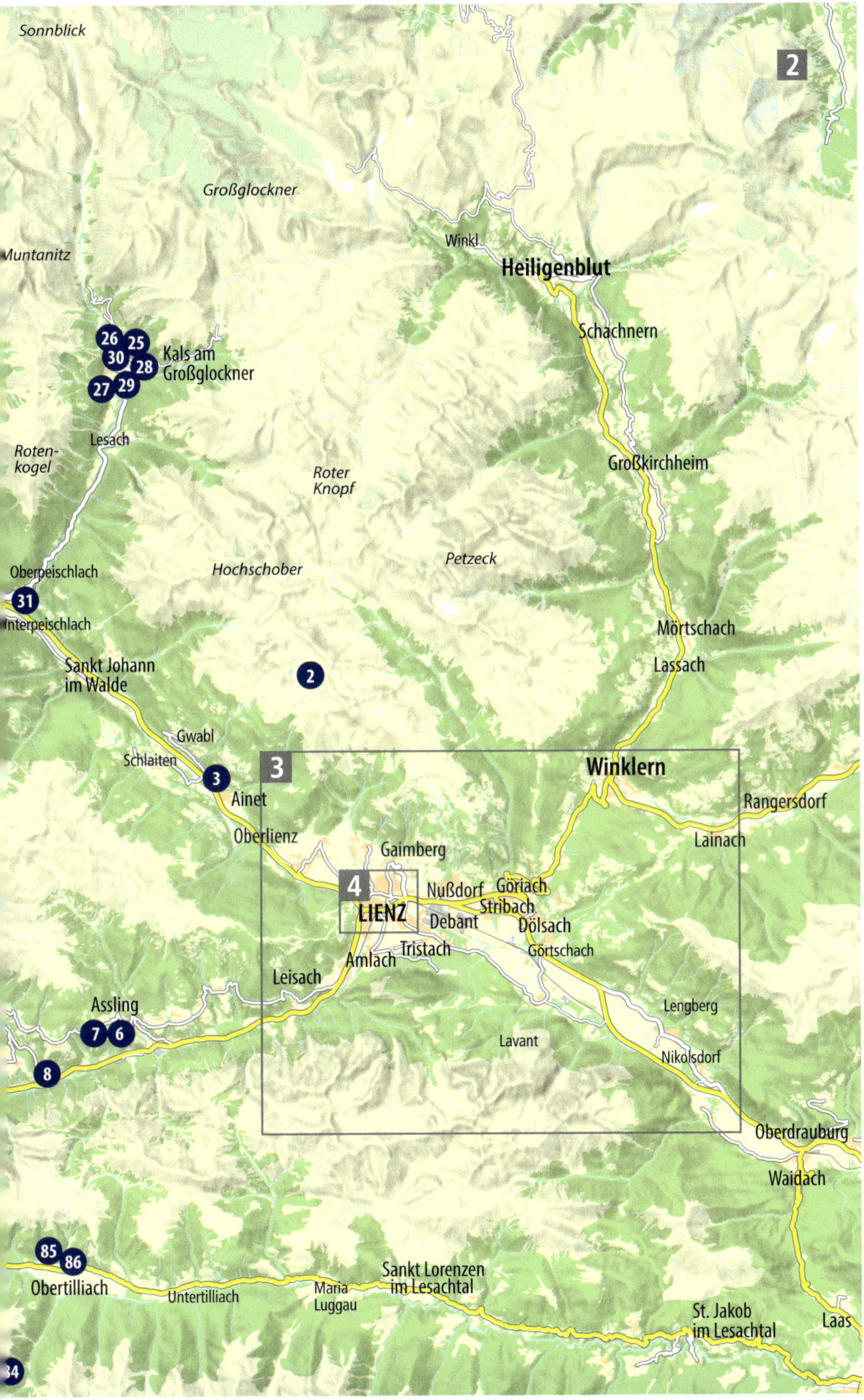

2
Sonnblick
Großglockner
Muntanitz
Winkl
Heiligenblut
Schachnern
26
25
30
28
27
29
Kals am Großglockner
Lesach
Rotenkogel
Roter Knopf
Großkirchheim
Hochschober
Petzeck
Oberpeischlach
31
Unterpeischlach
Mörtschach
Lassach
Sankt Johann im Walde
2
Gwabl
Schlaiten
3
3
Winklern
Ainet
Rangersdorf
Oberlienz
Lainach
Gaimberg
4
Nußdorf
Göriach
Stribach
LIENZ
Debant
Dölsach
Tristach
Amlach
Görtschach
Leisach
Assling
7
6
Lengberg
8
Lavant
Nikolsdorf
Oberdrauburg
Waidach
85
86
Sankt Lorenzen im Lesachtal
Obertilliach
Untertilliach
Maria Luggau
St. Jakob im Lesachtal
Laas

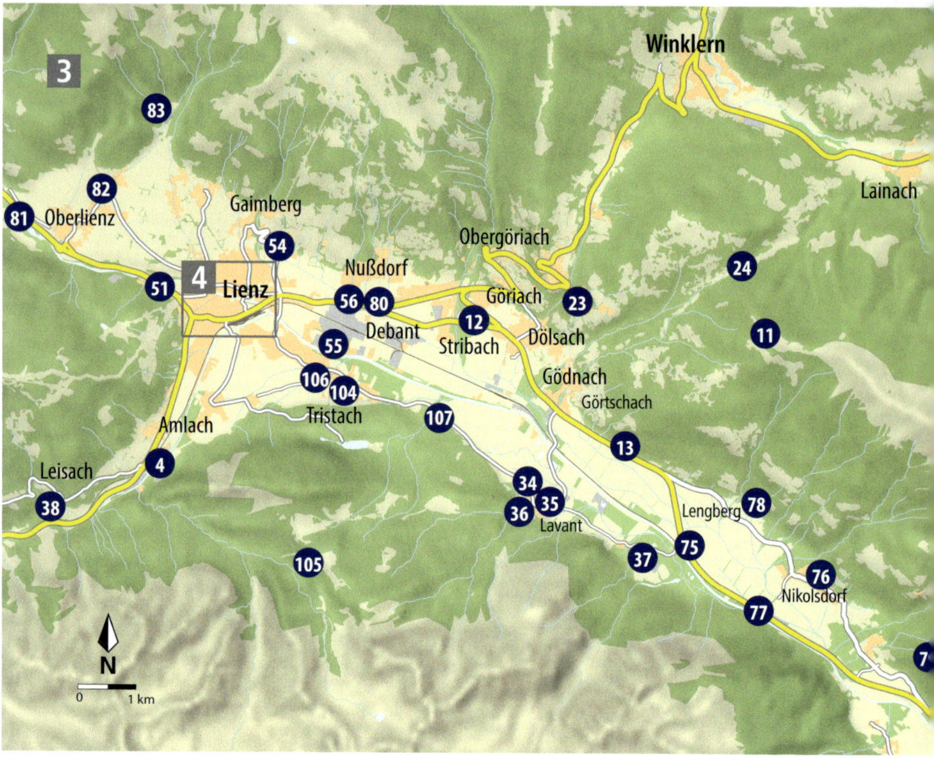
3
Winklern
83
82
Lainach
81 Oberlienz
Gaimberg
54
Obergöriach
4
Lienz
51
Nußdorf
56
80
Göriach
23
24
11
12
Debant
Stribach
Dölsach
55
106
104
Gödnach
Görtschach
Tristach
107
Amlach
13
4
Leisach
34
35
36
Lavant
78
Lengberg
38
75
37
105
76
Nikolsdorf
77
N
0
1 km

4
46
43
47
Grafendorfer Straße
LIENZ
44
41
Beda-Weber-Gasse
39
Kärntner Straße
Schloßgasse
Schweizergasse
Isel
50
48
53
Haupt-
platz
Johannes-
platz
45
49
40
Mühlgasse
Tiroler Straße
52
Drau
Amlacher Straße
42

Susanne Gurschler
111 Orte in Innsbruck, die man gesehen haben muss
ISBN 978-3-7408-0343-8

Susanne Gurschler
111 Orte in Tirol, die man gesehen haben muss
ISBN 978-3-95451-834-0

Rolando Grumt Suárez
111 Orte in Hallstatt, die man gesehen haben muss
ISBN 978-3-7408-0858-7

Sabine M. Gruber
111 Orte im Wienerwald, die man gesehen haben muss
ISBN 978-3-7408-0844-0

Günther Pfeifer,
Gerhard Hohlstein,
Franziska Wohlmann-Pfeifer
111 Orte im Weinviertel, die man gesehen haben muss
ISBN 978-3-7408-0843-3

Daniela Dejnega, Luzia Schrampf, Tobias Fassbinder
111 Weine aus Österreich, die man getrunken haben muss
ISBN 978-3-7408-0618-7

Sophie Reyer, Johanna Uhrmann
111 Wiener Orte und ihre Legenden
ISBN 978-3-7408-0674-3

Monika Schmitz
111 Orte im Lungau, die man gesehen haben muss
ISBN 978-3-7408-0573-9

Kristof Halasz
111 Orte in Vorarlberg, die man gesehen haben muss
ISBN 978-3-7408-0568-5

Erwin Uhrmann,
Johanna Uhrmann
111 Orte in der Wachau, die man gesehen haben muss
ISBN 978-3-7408-0565-4

Robert Preis, Niki Schreinlechner
111 schaurige Orte in der Steiermark, die man gesehen haben muss
ISBN 978-3-7408-0445-9

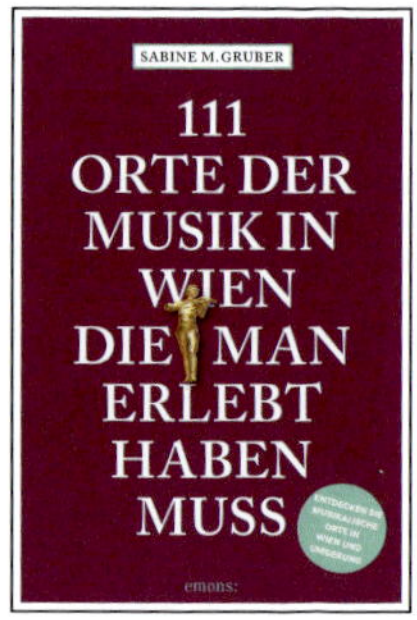

Sabine M. Gruber
111 Orte der Musik in Wien, die man erlebt haben muss
ISBN 978-3-7408-0348-3

Erwin Uhrmann,
Johanna Uhrmann
111 Orte im Waldviertel, die man gesehen haben muss
ISBN 978-3-7408-0346-9

Gerald Polzer, Stefan Spath,
Antonia Schulz
111 Orte in der Steiermark, die man gesehen haben muss
ISBN 978-3-7408-0140-3

Gerald Polzer, Stefan Spath
111 Orte in Oberösterreich, die man gesehen haben muss
ISBN 978-3-95451-857-9

Andrea Nagele, Marion Assam,
Martin Assam
111 Orte in Klagenfurt und am Wörthersee, die man gesehen haben muss
ISBN 978-3-95451-591-2

Marion Rapp
111 Schätze der Natur rund um den Bodensee, die man gesehen haben muss
ISBN 978-3-95451-619-3

Gerald Polzer, Stefan Spath
111 Orte in Graz, die man gesehen haben muss
ISBN 978-3-95451-466-3

Gerald Polzer, Stefan Spath,
Pia Claudia Odorizzi von Rallo
111 Orte im Salzkammergut, die man gesehen haben muss
ISBN 978-3-95451-231-7

Stefan Spath
111 Orte in Salzburg, die man gesehen haben muss
ISBN 978-3-95451-114-3

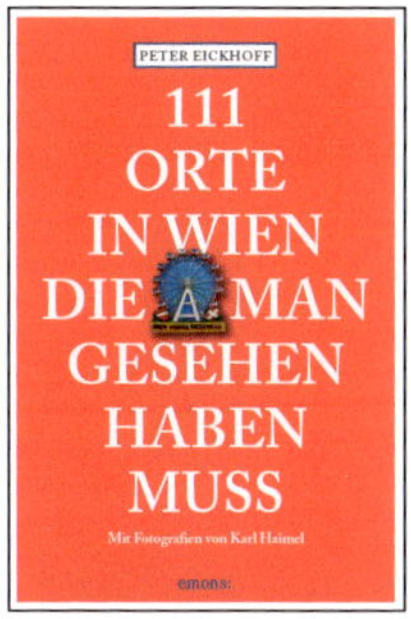

Karl Haimel, Peter Eickhoff
111 Orte in Wien, die man gesehen haben muss
ISBN 978-3-7408-0746-7

Ottmar Neuburger,
Lisa Graf-Riemann
111 Orte im Berchtesgadener Land, die man gesehen haben muss
ISBN 978-3-89705-961-0

Julia Lorenzer, Fabian Marcher
111 Orte in Rosenheim und im Inntal, die man gesehen haben muss
ISBN 978-3-95451-735-0

Rüdiger Liedtke
111 Orte in München, die man gesehen haben muss
ISBN 978-3-89705-892-7

Rüdiger Liedtke
111 Orte in München, die man gesehen haben muss, Band 2
ISBN 978-3-7408-0722-1

Astrid Süßmuth
111 Spukorte in und um München, die man gesehen haben muss
ISBN 978-3-7408-0336-0

Cornelia Ziegler
111 Orte rund um München, die man gesehen haben muss
ISBN 978-3-7408-0437-4

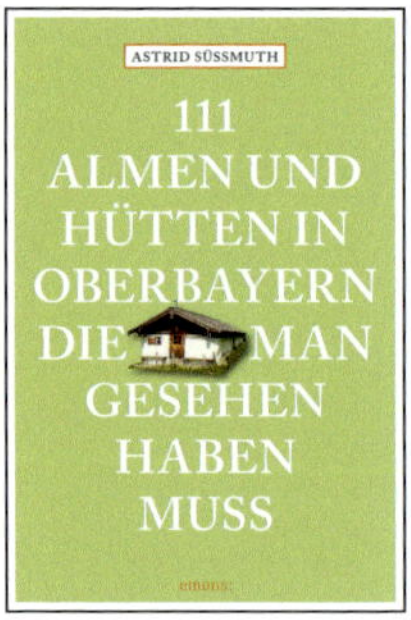

Astrid Süßmuth
111 Almen und Hütten in Oberbayern, die man gesehen haben muss
ISBN 978-3-7408-0823-5

Christine Hochreiter, Frank Klein
111 Orte in und um Passau, die man gesehen haben muss
ISBN 978-3-7408-0733-7

Bernd Schinner, René Rabenbauer
111 Orte im Fichtelgebirge, die man gesehen haben muss
ISBN 978-3-7408-0741-2

Jochen Reiss
111 Orte im Fünfseenland, die man gesehen haben muss
ISBN 978-3-7408-0743-6

Gregor Nagler
111 Orte in Augsburg, die man gesehen haben muss
ISBN 978-3-95451-598-1

Richard Auer, Gerhard von Kapff
111 Orte im Altmühltal und in Ingolstadt, die man gesehen haben muss
ISBN 978-3-7408-0723-8

Cornelia Ziegler
111 Orte im Allgäu, die man gesehen haben muss
ISBN 978-3-95451-343-7

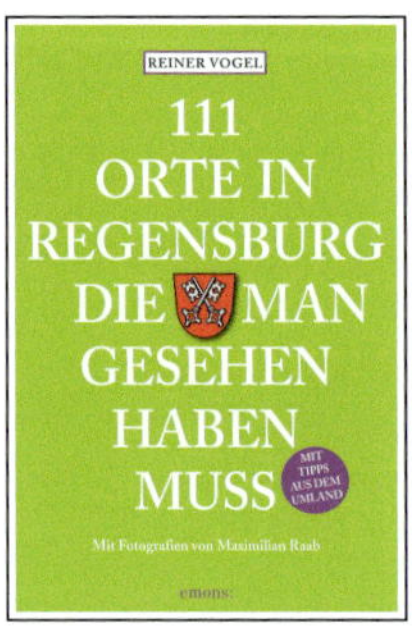

Reiner Vogel, Maximilian Raab
111 Orte in Regensburg, die man gesehen haben muss
ISBN 978-3-95451-054-2

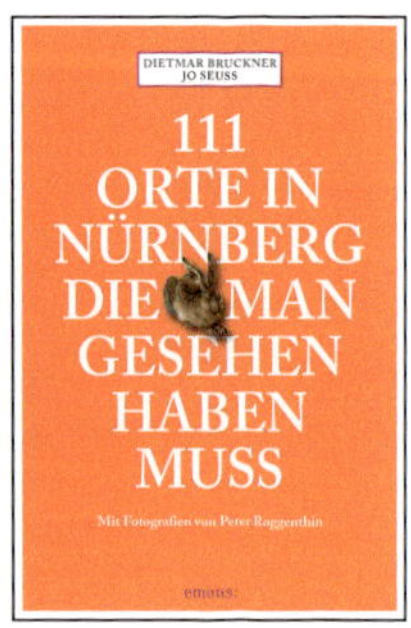

Dietmar Bruckner, Jo Seuß
111 Orte in Nürnberg, die man gesehen haben muss
ISBN 978-3-95451-042-9

Thomas Tribus
111 Orte in Meran, die man gesehen haben muss
ISBN 978-3-7408-0443-5

Franz Hlavac, Gisela Hopfmüller
111 Orte in Friaul und Julisch Venetien, die man gesehen haben muss
ISBN 978-3-7408-0575-3

Maurizio Francesconi, Alessandro Martini
111 Orte in Langhe, Roero und Monferrato, die man gesehen haben muss
ISBN 978-3-7408-0474-9

Beate Giacovelli, Gaetano Adragna
111 Orte am Comer See, die man gesehen haben muss
ISBN 978-3-95451-833-3

Marx de Morais
111 Orte in Turin und im Piemont, die man gesehen haben muss
ISBN 978-3-95451-736-7

Giulia Castelli Gattinara, Mario Verin
111 Orte in Mailand, die man gesehen haben muss
ISBN 978-3-95451-617-9

Lust auf mehr? Laden Sie sich die »LChoice«-App runter, scannen Sie den QR-Code und bestellen Sie weitere Bücher direkt in Ihrer Buchhandlung.

LChoice

Hier bestellen

Susanne Gurschler ist seit 1998 als freie Journalistin und Autorin in Innsbruck tätig. Ihre Spezialität sind Kunst und Kultur, Regionalgeschichte und Architektur, Tourismus und Kulinarik. Die Germanistin schreibt Sachbücher sowie Beiträge für Magazine, Sammelbände, Jahrbücher und Kataloge. 2016 erschien ihr Buch »111 Orte in Tirol, die man gesehen haben muss«, 2018 »111 Orte in Innsbruck, die man gesehen haben muss«.
www.susannnegurschler.at